本书由贵州财经大学与商务部国际贸易经济合作研究院联合基金项目"跨境电商中绿色农产品原产地形象、品牌塑造与传播策略研究——以贵州为例"(〔2017〕SWBZD01号)资助完成。

跨境电商中绿色农产品
品牌塑造研究

RESEARCH ON BRAND BUILDING OF
GREEN AGRICULTURAL PRODUCTS IN
CROSS-BORDER E-COMMERCE

陈劲松 著

中国社会科学出版社

图书在版编目（CIP）数据

跨境电商中绿色农产品品牌塑造研究/陈劲松著 . —北京：中国社会科学出版社，2023.4
ISBN 978-7-5227-1826-2

Ⅰ.①跨… Ⅱ.①陈… Ⅲ.①农产品—品牌战略—研究—中国 Ⅳ.①F326.5

中国国家版本馆 CIP 数据核字（2023）第 073087 号

出 版 人	赵剑英	
责任编辑	刘晓红	
责任校对	周晓东	
责任印制	戴　宽	
出　　版	中国社会科学出版社	
社　　址	北京鼓楼西大街甲 158 号	
邮　　编	100720	
网　　址	http://www.csspw.cn	
发 行 部	010-84083685	
门 市 部	010-84029450	
经　　销	新华书店及其他书店	
印　　刷	北京君升印刷有限公司	
装　　订	廊坊市广阳区广增装订厂	
版　　次	2023 年 4 月第 1 版	
印　　次	2023 年 4 月第 1 次印刷	
开　　本	710×1000　1/16	
印　　张	10.75	
插　　页	2	
字　　数	120 千字	
定　　价	58.00 元	

凡购买中国社会科学出版社图书，如有质量问题请与本社营销中心联系调换
电话：010-84083683
版权所有　侵权必究

前　言

随着互联网技术的发展，跨境电子商务交易越来越频繁。跨境电商是不同国家或地区的交易主体将在传统国际商贸中的商品陈列、交易协商、付款等环节嵌入互联网技术，实现产业链上各个交易主体的信息资源互通，并通过跨境物流将产品送至顾客手中，从而完成对外交易的贸易方式。与传统贸易相比，跨境电子商务的发展能够极大地促进经济发展。在乡村振兴的助推下，贵州农村电子商务发展及跨境电商产业园的建立使贵州绿色农产品走出大山，走向世界，带动了贵州经济发展。电子商务为贵州丰富的特色农副产品提供了营销平台，然而，经济技术的发展使产品具有高度的同质化。产品原产地作为产品质量和特色的天然标签，消费者对产品原产地形象的认知和认同对于产品品牌的塑造和推广具有重要作用。

本书以贵州绿色农产品为研究对象，首先分析了国内外农产品原产地品牌成功营销的经验，随后对贵州跨境电子商务发展中绿色农产品原产地品牌塑造和传播中存在的问题及原因进行了分析。在此基础上，结合原产地效应理论、品牌管理理论及传播理论，探讨如何通过改善原产地形象、提升对原产地的认同以及提升绿色农产品的品牌资产来塑造和传播贵州绿色农产品原产地品牌,从而扩大贵州绿色农产品的国内外市场影响力和竞争力。

  本书具有三点创新之处。首先,将分析视角从对市场需求的引导转向原产地农产品品牌形象的建立,继而平衡区域间的供给和需求关系。既释放了农业活力,又实现了增值增效。其次,拓展了农产品品牌塑造与传播的理论知识。本书对跨境电子商务发展中绿色农产品品牌塑造和传播进行研究,为贵州绿色农产品推广和营销建言献策,推动贵州绿色农产品原产地品牌建设,推动"黔货"出山、出国,推动贵州经济发展。最后,本书以电子商务的新形式——跨境电子商务原产地品牌为着眼点。一方面,通过研究跨境电子商务营销丰富电子商务营销理论;另一方面,以往关于跨境电子商务的研究重点主要集中在不同地区之间产品的物流运输问题,而本书将着眼点定位于跨境电子商务中原产地农产品的品牌塑造和传播问题,通过建立强大的品牌资产帮助农产品在跨境交易中获得较强的竞争力。

目 录

第一章　绪论 ·· 1

 第一节　研究背景 ·································· 1
 第二节　研究内容 ·································· 3
 第三节　研究思路 ·································· 5
 第四节　研究方法 ·································· 7

第二章　文献综述 ···································· 8

 第一节　相关理论基础 ······························ 8
 第二节　绿色农产品原产地形象、
    　品牌塑造与传播 ···························· 16

第三章　跨境电商中绿色农产品原产地形象、品牌塑造与
   传播模式经验及借鉴 ···························· 25

 第一节　国内绿色农产品原产地品牌塑造与
    　传播模式经验 ···························· 25
 第二节　国外绿色农产品原产地品牌塑造与
    　传播模式经验 ···························· 34
 第三节　小结 ···································· 40

第四章　跨境电商与乡村产业振兴 …………… 44

第一节　引言 ……………………………………… 44
第二节　跨境电商助力乡村产业振兴 …………… 46
第三节　乡村产业振兴服务跨境电商 …………… 51

第五章　跨境电商中贵州省绿色农产品原产地品牌塑造现状、问题及原因 …………… 55

第一节　引言 ……………………………………… 55
第二节　跨境电商中贵州省绿色农产品原产地品牌塑造现状 ………………………… 57
第三节　跨境电商中贵州省绿色农产品原产地品牌塑造存在的问题 ………………… 61
第四节　跨境电商中贵州省绿色农产品原产地品牌塑造存在问题的原因 …………… 65

第六章　跨境电商中贵州省绿色农产品原产地品牌传播现状、问题及原因 …………… 70

第一节　引言 ……………………………………… 70
第二节　跨境电商中贵州省绿色农产品原产地品牌传播现状 ………………………… 71
第三节　跨境电商中贵州省绿色农产品原产地品牌传播问题 ………………………… 75
第四节　跨境电商中贵州省绿色农产品原产地品牌传播存在问题的原因 …………… 79

第七章 跨境电商中绿色农产品原产地形象提升路径研究 ·············· 83

第一节 引言 ·············· 83
第二节 绿色农产品原产地形象提升的机遇 ········ 85
第三节 绿色农产品原产地形象提升路径 ·········· 89

第八章 跨境电商中绿色农产品原产地品牌塑造策略研究 ·············· 98

第一节 跨境电商中绿色农产品原产地品牌概述 ·············· 98
第二节 跨境电商中绿色农产品原产地品牌塑造现状及影响因素 ·············· 103
第三节 跨境电商中绿色农产品原产地品牌塑造策略 ·············· 108

第九章 跨境电商中绿色农产品原产地品牌传播策略研究 ·············· 115

第一节 引言 ·············· 115
第二节 跨境电商中绿色农产品原产地品牌传播研究 ·············· 117
第三节 跨境电商中绿色农产品原产地品牌传播策略研究 ·············· 123

第十章　跨境电商中绿色农产品原产地品牌塑造与传播制度设计研究 ………………………………… 129

第一节　引言 ……………………………………………… 129
第二节　跨境电商中绿色农产品原产地品牌塑造与传播制度研究 ……………………………………… 130
第三节　跨境电商中绿色农产品原产地品牌塑造与传播制度设计 ……………………………………… 134

参考文献 …………………………………………………… 141

后　记 ……………………………………………………… 164

第一章 绪 论

第一节 研究背景

随着互联网技术的发展和乡村振兴战略的推进,农村电子商务在促进农业农村发展的过程中发挥着重要的作用,跨境电子商务交易也不断在农村地区探索着前进方向。党的二十大报告指出要创新贸易服务发展机制,推动数字化贸易转型发展,建设外贸强国(习近平,2022)。可以说,发展数字贸易离不开跨境电子商务的助力,无论是当前阶段还是未来的长期阶段它都是推动国内贸易产业发展的重要抓手。跨境电商使产业链上不同国家或地区的交易主体利用互联网技术实现了信息资源互通,并通过跨境物流将产品送至顾客手中,最终达成对外交易。与传统贸易相比,跨境电子商务的发展能够极大地促进商品流通、带动经济发展。

贵州省现代工业发展速度较慢,因此贵州保持了较完整和较天然的水源、土地等自然资源条件，这为打造出高质量的绿色农产品提供了先天条件。贵州省绿色农产品种类丰富、品种齐全、健康营养等优势可以让其在市场中获得较高的知名度和认同度。但是贵州绿色农产品在贸易发展方面存在一些明显的问题，比如品牌建设力度不强，原产地形象不突出，个性化优势不明显等。在分析贵州绿色农产品特色和不足的基础上，有必要采取一定的措施推动本土绿色农产品品牌的塑造。绿色农产品具有明显的地域特征，其产品质量特征与生产加工地的环境和自然资源密切相关。贵州省应利用好生产绿色农产品的优势自然资源条件，建立良好的原产地形象，充分发挥原产地效应的带动作用，促进消费需求的扩大。

  现有的跨境电商研究中，主要以渠道便捷性、技术性和制度保障为研究主题，对跨境电商中品牌塑造和传播的研究还比较少见，特别是对于绿色产品原产地认同、品牌塑造和传播的研究更少。将跨境电子商务贸易与绿色农产品品牌的塑造和传播相结合，有利于通过现代科学技术实现绿色农产品的跨境传播，解决区域间绿色农产品供给和需求不平衡的问题，帮助贵州农产品建立起个性化优势和明确的品牌形象，进一步推动贵州农产品供给侧结构改革，促进农业结构优化升级，带动贵州省经济健康持续发展。因此，本书在把握乡村产业振兴与跨境电商内在联系的基础上，结合原产地效应理论与品牌管理等相关营销理论，探索这一领域的相关规律，补齐现有研究的短板，为理论和实践做出贡献。

第一章 绪论

第二节 研究内容

一 研究对象

随着乡村振兴战略的推出和落实,农村电子商务成为普遍的选择,贵州也在此过程中抓住电子商务贸易的发展契机,让贵州的绿色农产品能够走出大山,走向世界,同时带动贵州省的经济发展。电子商务的发展给贵州的绿色农产品营销提供了更好的平台,但技术的发展也使市场上许多产品呈现同质化的特征,此时原产地成为产品质量和特色的天然标签,知名度较高的原产地形象能够在网络信息检索中获得优势,快速赢得大众认可,因此消费者对产品原产地形象的认知和认同对产品品牌的塑造和推广具有重要的作用。本研究以贵州绿色农产品为研究对象,运用原产地效应理论以及品牌管理理论,对跨境电子商务中贵州绿色农产品所面临的原产地形象及认同问题进行分析,并以此为切入点,探讨如何通过改善原产地形象、提高消费者对原产地的认同来丰富绿色农产品的品牌资产,增强贵州绿色农产品的国际市场竞争力。

二 研究框架

第一,本研究在现有研究的基础上,深入分析跨境电商中的贵州绿色农产品原产地形象现状,发现绿色农产品在跨境电商交易中存在的不足和问题。同时,对国内外绿色农产品原产地品牌建设和传播成功的模式和经验进行总结,为后续的研究准备实践条件。

第二，本研究以原产地形象理论为指导，结合品牌塑造和品牌传播等营销基本原理，探索原产地的绿色农产品如何在跨境电商交易中建立强大的品牌资产，为绿色农产品在跨境电商交易中提供理论指导。

第三，本研究根据原产地形象理论，对贵州省绿色农产品形象展开研究，从产品特色和电子商务有形展示等方面探索形象提升的路径，从而促进贵州绿色农产品原产地形象的提升。

第四，根据品牌个性化塑造原理，对贵州省绿色农产品原产地个性化塑造展开研究，依据贵州农产品的优势特征，如绿色无公害、营养价值高等，提出个性化塑造策略，促进贵州绿色农产品原产地品牌的个性化塑造。

第五，在基于品牌形象和个性化塑造的基础上，依托品牌传播等相关理论，利用关系营销、体验营销、整合营销、数据库营销与精准营销等理论，研究贵州省绿色农产品品牌整合传播策略，从而增强绿色农产品原产地认同。

第六，根据研究结论，针对跨境电商中绿色农产品原产地品牌塑造和传播问题，从宏观和产业层面提出相应的政策制定和制度设计建议，促进贵州绿色农产品跨境电商健康发展，提高绿色农产品在国际市场中的竞争力。

本研究的总体框架如图1-1所示：

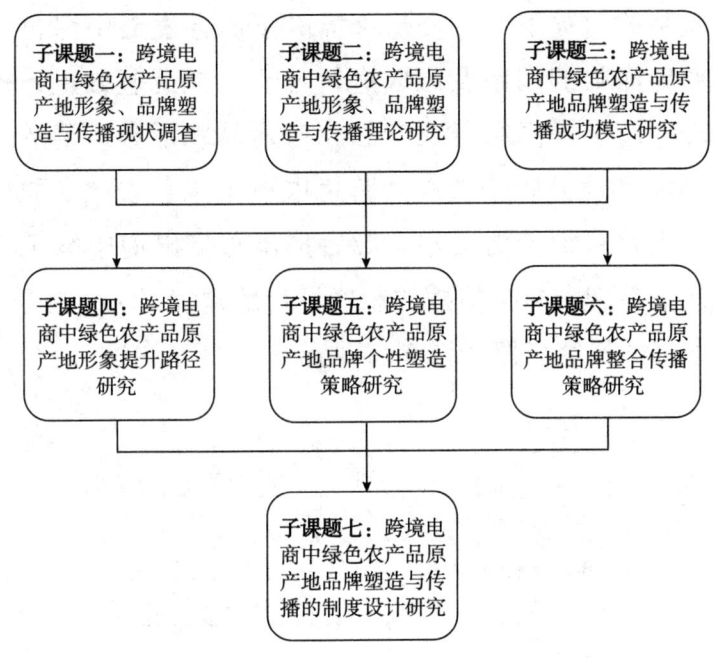

图 1-1　本书的总体框架

第三节　研究思路

本书对跨境电商中绿色农产品原产地形象、品牌塑造与传播状况展开全面调查，以电子商务渠道理论、品牌管理理论、整合传播理论以及原产地效应理论为基础，总结与借鉴国内外跨境电商中农产品原产地品牌塑造与传播模式和成功经验，分析在跨境电商中原产地品牌的影响程度和其作用机制，以及消费者对原产地形象的认同。从贵州乡村产业振兴视角出发，在把握跨境电商与乡村产业振兴内在联系的前提下,对贵州跨境电子商务发展中绿色农产品原产地面临的问题及原因进行分析。在此基础上,探索在跨境电商中提高绿色农产品原产地品牌形象,塑造绿色农产品原产地品牌个性以及跨境电商中绿色农产品原产地品牌的整合营销传播策略。最后提出跨境电商中绿色农产品原产地品牌塑造与传播的制度设计的建议。

本书的研究思路如图1-2所示:

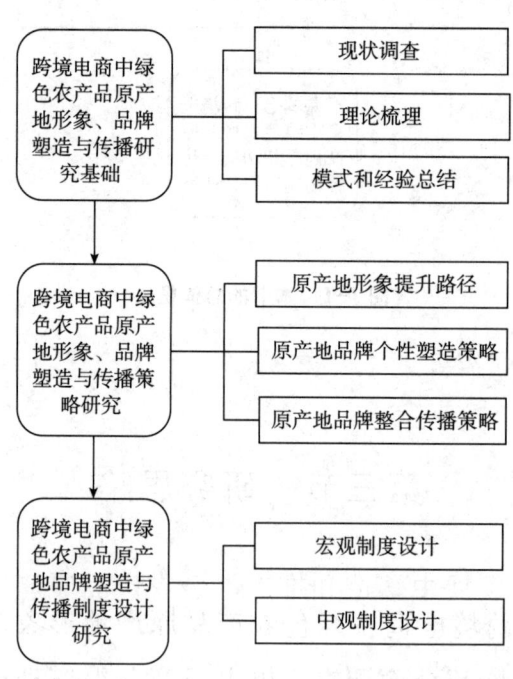

图1-2 本书的研究思路

第四节 研究方法

一 文献研究法

本书通过阅读国内外相关文献,对跨境电子商务、农产品原产地形象与品牌塑造以及品牌传播等相关研究进行梳理;在文献阅读和梳理中探寻已有研究的不足之处,进一步确定研究主题和内容;结合品牌管理理论和传播理论、原产地效应理论对跨境电子商务中绿色农产品原产地品牌形象、品牌塑造和传播的作用机制和路径进行分析。

二 调查法

通过实地调查、问卷调查及访谈等方式对跨境电子商务企业、相关部门以及消费者等进行调查,获得相关的研究数据,借助统计分析方法对数据进行分析,为明确贵州跨境电商发展中农产品品牌塑造和传播存在的问题及原因提供依据。同时,对跨境电子商务中贵州绿色农产品发展存在的优势、劣势、机会和威胁等进行分析,为贵州在跨境电子商务发展中塑造和推广绿色农产品原产地品牌制定针对性的策略。

第二章 文献综述

第一节 相关理论基础

一 跨境电商概念界定

跨境电商是跨境电子商务（Cross-Border E-Commerce）的简称。目前，各界对于跨境电商还缺乏相对统一的概念。不过从业内比较公认的概念而言，跨境电商是指分属于不同海关境界的贸易主体利用电子信息技术与网络平台开展洽谈、付款结算和进行贸易，以及利用跨国快递进行产品运送的一项国际贸易商务活动。从广义上看，跨境电商就是让传统的商品贸易环节实现电子化，具体来说，就是分属于不同海关境界的交易主体通过电子技术把传统商品贸易中的环节电子化，通过跨境物流最终达成交易。从狭义的角度来看，跨境电商可以基本等同于跨境零售，跨境零售是指分属于不同海关境界的交易主体通过互联网进行支付结算最终达成交易，主要是指企业和终端消费者进行的

第二章 文献综述

商业交易,即不同国家的消费者通过互联网平台进行商品的挑选、购买和支付,企业通过跨境物流将产品运送到消费者手中。本书根据金虹和林晓伟(2015)对跨境电商的定义,认为跨境电商本身是一个有机整体,在这个有机系统中,不同国界的商品可以自由交换,因此,跨境电商不仅具有开放性、自组织性、复杂性和关联性等基本的系统特征,还具有虚拟性和竞协性等特征。

从本质上来说,跨境电子商务是一种新型的国际贸易方式,与传统对外贸易有一定的区别。其以互联网为平台,通过电子技术实现商务交易,将传统的支付、购物、营销、销售等环节转移到线上,打破了国家和地区不同关境之间的贸易壁垒,实现商品交易的全球化。在这种贸易方式中,主要是实现小额贸易,买方大多是中小型企业甚至个人,具有交易量小、交易金额少、交易次数多的特点。根据跨境电商的贸易主体可以将跨境电商的交易模式分为 B2B 和 B2C 两种。跨境 B2B(Business to Business)是分属于不同关税境界的企业和企业之间的电商模式,跨境 B2C(Business to Customer)是指不同国界中的企业和消费者的跨境电商模式。从商品流通方向上来看,跨国电商大致有进口跨国电子商务与出口跨国电子商务两类,而目前在中国则是以出口跨国电子商务居多。跨境电商强调了通过电子信息技术实现贸易的方式与过程,这种新型的贸易模式打破了国家间地理因素的限制,能够让企业跨越国界,在国际市场中寻找合作伙伴。电子化信息技术在对外贸易中尤为关键,对外贸易的所有流程都需要通过它来实现,所以对交易过程中涉及的电子信息技术和网络配套设施有一定的要求。通过电子技术达成交易具有明显的优势，例如减少中间环节、节约交易成本以及提高交易效率等。

对于跨境电商的研究可以分为发展动因和理论基础两个方面。发展动因方面，Savrul 和 Cüneyt（2011）认为，2007 年以来的国际金融危机是促进跨境电商发展的重要原因。Elena（2014）和 Joshua（2015）则认为互联网技术是跨境电商发展的重要动力，促使贸易方式向信息化和网络化转变。除此之外，Estrella 等（2014）和 Kim 等（2017）发现与传统商贸相比，跨境电子商务具备更明显的成本优势和信息优势。Farhoomand 等（2000）也将电子信息技术纳入研究范围，认为电子信息技术是跨境电商发展的基石，信息技术的出现将会营造全新的交易市场。

理论基础方面，来有为和王开前（2014）以及鄂立彬和刘智勇（2014）主要围绕市场格局、交易平台以及支付结算等进行研究。薛朝改和钱丽丽（2019）从企业的组织创新、互联网技术、知识管理以及市场运营能力四个维度阐述各个因素对跨境电商物流核心竞争力的影响。杨云鹏等（2018）则认为新政策法规可以加强跨境电商环境对于企业的吸引力，但如果扶持力度不强则可能导致过度繁荣的跨境灰色市场。张正荣和肖文丽（2020）通过构建多重理论分析框架对 70 个样本城市进行定性研究，探究了跨境电商综合试验区的建立与推广两方面的问题。张夏恒和李豆豆（2020）发现将区块链技术融入数字经济、跨境电商以及数字贸易的耦合关系中有助于推动对外贸易的转型升级。

二 交易成本理论

"交易"一词最早出现要追溯到20世纪30年代，康芒斯（Commons，1931）从法律和哲学的角度对"交易"进行了概念化，提出经济学的基本分析单位是交易，并把交易划分为买卖的交易、管理的交易和限额的交易。科斯（Coase，1937）基于康芒斯的观点将"交易"这一概念引入经济学的研究中，形成了交易成本的思想，即交易成本是在市场运行中由于价格机制的运作而产生的费用，主要包含两个方面：一是为了获取商品信息所付出的成本；二是在合同履约中为了保证如期履约而产生的监督成本。在市场交易的过程中，发现交易对手，确定交易价格，实施交易，进行履约监督等工作都需要花费一定的成本（Coase，1960）。因此，交易成本也是资源配置过程中检验制度设计是否合理的一种手段。斯蒂格勒（Stigler，1966）总结概括了科斯的主要观点，提出了"科斯定理"。他认为交易双方在获取对自身有利的交易信息时会产生一定的成本，这种成本被称为"搜寻成本"，当交易双方的信息不对称时会导致交易成本上升，交易难度扩大，交易效率降低。但是，斯蒂格勒和科斯都没有清楚地定义交易成本的概念。阿罗（Arrow，1965）认为各项经济活动构成了市场的经济体制，在不完全市场交易机制下，契约行为难以概括所有的交易事件，形成了"不完全合同"，交易成本大多来源于此，因此，阿罗把交易成本定义为经济制度的运作成本。交易成本贯穿于整个交易过程，了解信息、讨价还价、形成交易决策和监督合同实施等环节都会产生相应的交易成本。Williamson（1975）继承和发展了阿罗对交易成本的基本概念，对商业组织中的契约活动和行为做了比较深刻的剖析，并提出贸易费用包括搜寻成本、信息成本、议价成本、决定成本和督促执行成本。Williamson（1985）提出交易不确定性、交易频率和资产专属性是交易成本来源的三个典型特征，并将交易成本分为两类，即事前交易成本和事后交易成本，同时指出这两种类型是相互联系的。张五常（1999）抓住了交易成本的核心范畴，提出交易成本无法在无产权、无交易、无经济的单一个体中产生，其产生的必要条件是交易双方产生利益分歧（汪丁丁，1995），因此，一切社会经济活动中都存在交易成本，还包括不直接发生在物质生产过程的成本。

从目前的研究来看，少有学者单纯地从交易成本理论的视角来探究消费者行为，多数学者只是将交易成本作为测量变量的工具。Thompson 和 Yu（2004）在对高净值消费者的网上购物行为的研究中采用交易成本理论，研究结果表明高净值消费者在网上购物意愿与其感受到的交易费用呈负相关；感知交易成本也会受购物频次、消费行为不确定性以及网上虚拟商店的安全性、可靠性的影响。Cheng 和 Lee（2011）基于交易成本理论和关系营销策略开发了解释消费者偏好的概念模型，探究交易成本与关系营销对高净值顾客满意度和感知风险的协同效应。高净值顾客满意度或高净值顾客感知风险在关系营销和交易成本对高净值顾客忠诚度的影响机制中起到中介作用。

综上所述，从最初科斯提出交易成本的概念到威廉姆森对交易成本理论进行深入探索，交易成本理论发展到今天已经非常成熟，并被广泛应用于各学科研究中。在营销学中，随着交易资产专用性、信息不对称性和交易不确定性的增加，会导致交易成本的上升。交易成本可以简单地概括为人们在具有一定社会关系的市场中，参与相关的经济活动期间所产生的交易费用。在任何阶段，只要存在社会经济活动，便会不可避免地产生交易成本。交易成本被广泛用于评价企业制度的优劣，企业要在产品生产过程中采取恰当的行为，依据独特的企业优势，缩减单个环节的成本，从而获取竞争优势。此外，交易成本由于自身的艺术性，缺乏统一的标准化定义，无法被准确测度，因此，在对交易成本理论进行深化研究的同时，也要对测度方法进行更加深入的研究，找到合理、合法、高效率的度量方法。

三 资源依赖理论

组织理论发展之初几乎不考虑外部环境对组织的影响，主要是研究激励组织内部成员和制定组织内部规则。Selznick（1953）提出组织会与其所处的环境相互作用，从而产生变化，并不断适应环境的变化，因此，组织是社会环境的产物。20世纪60年代以后，学术界开始了对组织与环境的关系研究。资源依赖理论是开放系统模式中盛行的理论，资源依赖理论的基本假设是，组织如果想要实现维持生存的目标，就一定要降低所处环境的不确定性，也就是降低对外部环境的依赖性。由于环境的不确定性和资源的稀缺性，组织会尽可能获取更多的资源来应对环境的变化，减少不确定性对组织带来的威胁和冲击。资源的积累和配置有助于企业形成可持续的竞争优势，组织间要有差异就要重视资源的特性。随后，学者通过大量的经验研究，把资源依赖理论形成了一个较为系统的理论,以此来阐明政府与资源之间的相互关系。一方面,组织会受到社会环境的影响,而无法真正做到自给自足,于是任何组织都需要为生存目标而与其所赖以生存的社会环境进行交易。因此组织就必须获得大量资源来保证运营与产出,这表明了资源具有重要的作用。另一方面,资源并不是取之不竭而用之不尽,它是有限的,说明了资源具有稀缺性。这两种属性就决定了政府组织具有资源依赖性。Thompson 和 McEwen(1967)提出组织之间的依赖程度与组织提供资源和服务的能力有关。20 世纪 70 年代资源依赖理论进一步形成,Pfeffer 和 Salancik(1978)提出一个组织必须要有控制它与环境之间关系的能力,由于组织自己无法生产必要的资源,所以为了满足生存需要必须与所处环境产生互动。

资源依赖理论很好地揭示了组织与环境的关系,任何组织都一定存在于社会环境中,组织为了获取维持生存所需的资源就必须要处理好与环境之间的关系。组织间的依赖关系是相互的,如果一个组织对另一个组织的依赖性更强,这个组织就会期望与另一个组织建立更加长期的关系,那就意味着另一个组织拥有了更大的权力。权力的对立面则是组织依赖,组织采取的策略都与获取资源以试图有权控制其他组织的行为有关。目前资源理论的发展已经比较成熟,在许多研究中常常作为理论基础被引用,但仍然存在一定的缺陷。因为该理论仅从资源的角度出发,没有全面地解释组织对外部环境的依赖,在未来的发展中,应该从不同的理论角度出发,与实际问题结合对理论进行丰富和完善。

四　竞争优势理论

从结果导向来看，学者将竞争优势定义为能够超越竞争对手的能力，有竞争优势的企业在行业中处于领先地位，拥有较高的盈利能力和市场占有率。从优势来源看，竞争优势指拥有无法替代、难以超越的资源和能力，有竞争优势的企业能比行业中的竞争者创造更多的价值。董保宝等（2011）对竞争优势进行了综合概括，指出难以替代的资源和能力是企业竞争优势的来源，拥有竞争优势的企业可以表现为有较高的盈利能力和市场占有率，最终提高企业的经营绩效。波特从全球视野丰富了国际竞争优势的概念，并将它运用在全球领域，建立了竞争优势模式，又称为钻石模式。该模式涵盖了本土决定因素和外部力量影响，其中外部影响力包含环境和政策因素，本土决定因素包含公司产品和市场因素、公司战略的竞争及其他支持行业。该模式有助于理解竞争优势是如何产生的以及如何保持并发挥竞争优势，可以用来分析某一行业如何取得全球竞争性优势。此外，波特提出了三种竞争战略：成本领先战略、聚焦战略和差异化战略，这些战略的目标是让企业在竞争中获得优势，企业要选择不同的战略模式并全力以赴地将战略贯彻落实下去。值得注意的是，企业的首要目标不能过于分散，这样不利于企业根据目标的重要性进行资源分配，不利于形成长期的竞争优势。同时，在激烈的竞争市场中，企业要形成竞争优势来保持自己的核心竞争力，与行业中的竞争者区别开来，才能避免被替代的威胁。

要形成绿色农产品品牌的竞争优势，首先要对绿色农产品的产业结构进行分析，明确品牌的相对竞争优势；其次根据绿色农产品的市场需求发展分析国内外的环境，了解企业在绿色农产品行业中形成自己的竞争优势会受到哪些因素的影响；最后要及时了解国家为了推动农业发展实施乡村振兴战略，制定出台了哪些有利于形成绿色农产品品牌优势、加强绿色农产品品牌的塑造和传播的政策，企业要充分利用国家给予的政策支持，提高品牌竞争力。

第二节 绿色农产品原产地形象、品牌塑造与传播

一 绿色农产品原产地效应

1956年，学者专门进行了有关原产地形象问题的探讨。美国研究人员发现了来自不同国家的人对不同原产地形象存在偏爱，证明了"人们对同一产品的评价会由于原产地区的不同而不同"这个事实假说。因此，学者概念化了原产地效应（Country-of-Origin Effect，COOE），人们会由于原产地的差异对一个商品形成不同的价值判断，从而影响其购买偏好。最初的原产地效应探讨大多关注于商品的来源地形象如何影响各个国家消费者对出口地商品的看法以及购买意愿等方面（Han and Terpsera，1988）。例如，陈姝婷（2010）指出把品牌产品由原产地形象较高的来源国迁移至形象较低的其他国家生产，有可能削弱消费者对产品的品质感受，影响消费者的购买意向。Linda 和 John（1997）进一步研究发现原产地效应和民族自豪感都会对品牌认知产生影响。吴坚和符国群（2000）则证实了对全球

市场中商品认知质量的形成有赖于原产地形象。原产地效应的发生路径包括光环性构念和总结性构念（Han，1989）。光环性效应有两层含义：一是消费者会根据产品的原产地形象来推断自己不熟悉的外国品牌的质量；二是产品的原产地形象会影响消费者对产品的属性评价（Kim，1995）。张耘堂和李东（2016）认为总结性构念也具有两层理论含义：一是消费者会根据同一产地的品牌展示的产品信息概括产品的原产地形象；二是产品的原产地形象会影响消费者对源于该产地的产品态度，并且原产地效应还依赖于目标消费群体拥有多少与原产地有关的知识（Kleppe et al.，2002）。目前，国际市场经济及营销理论界就有关原产地形象与原产地效果达成了基本共识（田圣炳和陈启杰，2004）：一是原产地会通过影响消费行为进一步影响原产地效果；二是不同地区的原产地影响程度不同，原产地作为影响消费者购买行为的重要因素之一，其影响力有时要大于价格、销售商信誉甚至产品品牌；三是消费者市场价格期望和商品原产地形象呈正比关系；四是原产地形象会随着时间变化或重大实践活动的发生而变化。

绿色农产品相比于其他产品具有更加突出的地域区位特性，因此原产地因素对消费者购买农产品有更加直接的影响效果。农产品品牌的建立起源于原产地效应（易正兰和陈彤，2007），因此在学术界关于通过原产地效应进行农产品区域品牌建设的研究不断深入。靳明和周亮亮（2006）研究了绿色农业具有的独特属性及其原产地效应，总结出绿色农产品品牌建设的公式，即绿色农产品品牌＝绿色标志证明商标+原产地证明商标+产品商标，为绿色农业原产地品牌建设赋予了新的意义。瞿艳平和陈海波（2008）认为，农业产品的区域性特点决定了区域品质在农业产品营销过程中的关键地位，并据此提出了创建地区品牌策略的思路。另外，原产地标记会产生相应的社会经济价值（杨佩珍，2006），因此，原产地产品保护与增强中国农业市场竞争力具有内在关系（王志本，2004）。

　　从国内外研究成果来说，国外对原产地效应的研究有着近三四十年的发展历史，经历了从最初对发达国家的消费者进行单因子分析，逐步发展到21世纪初对发达国家和新兴工业化国家的消费者进行的多因子分析，在这个阶段获得了巨大的研究成果。但就其实际研究情况分析，仍然具有很大的缺陷，主要体现为：对原产地的界定与衡量缺乏准确性和清晰性；被试的产品大多集中于西方尤其是少数发达国家地区，并没有涉及普遍存在的发达国家和新兴工业化国家。尽管最近几年来国内对原产地效应的研究成果较多，但在中国传统文化背景下有关原产地效应的实证研究非常少，特别是跨境电商中农产品原产地的研究就更少，所以我国在这方面的科学研究可以说是一项新兴的课题。国内对原产地效应的研究趋势应该集中于：①实验研究。探究国内品牌在美国、欧盟、日本等国家的负面原产地效应，以及品牌在行业中所处的位置，为国内企业开展品牌原产地形象建设，提出具体可行的指引。②跟踪研究。当前中国市场经济快速转变，在国际市场的地位有所改变，必须了解中国企业中国品牌原产地形象在全球市场上的演变，以及在不同产业领域中的品牌形象。随着我国农产品原产地品牌的进一步发展，学术界可以对农产品原产地品牌经营管理进行更加深入的研究。

二 绿色农产品原产地品牌塑造

品牌能够让消费者识别产品的不同特性。从消费者的角度来看，品牌塑造是指企业对品牌进行定位，建立品牌、发展品牌和管理品牌，使品牌在消费者的心中占据有利位置的过程（陈放，2002）。通过品牌塑造，企业能够和消费者建立沟通的桥梁，企业对自己提供的产品和服务进行承诺并践行，从而维持和强化品牌与消费者之间的关系。白翠玲（2012）认为品牌塑造理论经历了从产品定位到形象定位再到心智定位三个阶段，产品定位阶段是处于市场开发的初期，突出产品本身的宣传，强调产品的功能属性，建立消费者对产品的初步认识；形象定位阶段是为了满足消费者对情感方面的需求，要注重品牌形象的建立，强调品牌的情感属性，满足消费者的情感价值；心智定位阶段是品牌能够满足功能和情感需求时，消费者更加注重品牌的价值观念。

农产品经营者要抢占市场份额就必须要注重农产品的品牌塑造。农产品品牌的塑造能够让消费者识别农产品的质量，降低其信息成本（侯红梅，2021）。从企业的角度来看，农产品品牌的塑造能够帮助企业减少产品推广成本，通过建立起来的整体品牌形象诠释农产品的特色，提高农产品的市场吸引力和竞争力，增加农产品的销量（任强，2010）。

农产品的原产地形象有助于特色农产品品牌的创建，因为原产地之间的差异会让消费者展开不同的联想。当消费者拥有较少农产品的内在线索时，就会通过农产品的原产地形象这一重要的外在线索来评估农产品的质量（许基南和李建军，2010）。农产品经营者通过塑造农产品原产地形象，能够强化农产品原产地在消费者心中的位置，提高农产品的市场竞争力。打造有地方特色的农产品能够帮助推广当地特色农产品，提高农业生产经营者的收入，甚至能够带动当地产业的进步，促进当地经济发展（侯红梅，2021）。

农产品品牌塑造不仅需要突出原产地形象，还需注重产品质量。在产品的开发过程中要加强技术创新和自主创新来提高产品的质量，因为企业提供的产品和服务是消费者建立品牌认知的重要依据。在品牌的发展过程中，企业要在所有消费者触点传播一致的信息，让消费者感受到企业在履行自己的承诺，同时也要与消费者建立有效的沟通和深入的情感交流，从而留下深刻的记忆和难忘的体验，最终完成品牌的塑造，即让品牌或产品在消费者心中形成区别于其他品牌的特性。由于市场竞争十分激烈，企业要想在众多品牌中崭露头角就必须采取差异化战略，如果能根据不同国家地区的风俗文化提供个性化的产品和服务，就能跨越文化障碍，增强消费者的接受度，这将成为品牌强大的竞争优势。此外，新品牌发展起来后，企业还需要进行品牌管理来满足不断变化的市场需求，维护并增强品牌资产，促进品牌的可持续发展。

三　绿色农产品原产地品牌传播

品牌传播是企业和消费者之间建立连接的过程，具体而言是企业通过各种传播渠道，包括正式渠道和非正式渠道向消费者传递品牌信息，引起消费者的注意，说服消费者购买品牌产品（邢静静，2019）。要让品牌被公众知晓就要及时将与品牌有关的信息传递给消费者，所以要重视品牌传播（李晓玲，2004）。品牌传播是指品牌被消费者认知、接受和消费的过程，是企业和消费者产生联系的重要一环，双方会在沟通交流的过程中产生情感连接。在品牌传播的过程中，企业不仅让消费者对产品和企业本身有所认知，还会向消费者传递品牌文化，如此在品牌和消费者之间建立一种不可动摇的关系，进而提高品牌的竞争力和影响力，培养品牌的忠诚客户。研究表明品牌传播能够凸显企业的产品或品牌与其竞争对手的差异点，形成企业自身的竞争优势，让消费者留下深刻的记忆（李晓玲，2004）。企业在品牌传播的过程中要注意，信息的传递并不仅仅通过文字或者语言来宣传，而是要在消费者可能触及的所有传播渠道中传递一致的信息，让消费者通过不同的传播渠道真实地感受到品牌主张的价值观。

农产品品牌传播是指企业通过媒体向消费者传播农产品生产地的特色和质量等信息，生产经营者可以通过宣传建立消费者的认知，通过强化农产品的原产地优势、提高品牌吸引力等手段进行农产品的品牌传播。由于农产品具有与其他产品不同的特殊属性，比如在品牌形象和品牌效应中存在外部性，因此，重视农产品原产地形象的品牌传播可以让农业生产经营者更好地进行农产品推广，有利于提高农产品的市场竞争力，助力农业发展和乡村振兴。

伴随着电子商务的不断发展，在推动农产品品牌发展的过程中可以加强电子商务的应用，在电子商务平台进行农产品推广时增加对农产品原产地形象的传播，能够强化农产品在消费者心目中的形象（聂林海，2014）。因此，在通过电子商务助力"黔货出山"时，可以在平台加强贵州农产品的原产地形象的传播。涂洪波和朱清剑（2020）认为在电子商务的交易情境下，消费者较难通过外观、新鲜度这些产品本身的特征来评估农产品的质量，因而借助农产品原产地形象能够让消费者评估绿色农产品的质量，追溯农产品的产地，增强消费者的购买信心。加强原产地形象这一外部线索的传播，能够刺激消费者的认知和情感，间接影响消费者购买绿色农产品的意愿。在实践中，贵州已经有部分农产品具有较强的原产地效应，比如六盘水的红心猕猴桃、威宁的苹果等，这些农产品在品牌传播的过程中通过强化原产地信息的传播已经在市场上得到了消费者的认可。要强化原产地形象的传播效果，就要通过多种媒介来披露和展示农产品原产地信息，让消费者认同农产品的原产地形象。通过社会化媒体以直播或短视频等形式向消费者展示农产品的种植环境和生长过程，充分发挥绿色农产品原产地效应，让消费者和农产品原产地之间建立起联系，增强消费者对绿色农产品的购买意愿，帮助消费者做出购买决策（涂洪波和朱清剑，2020）。

四 文献述评

近年来，贵州省政府在大力推动"黔货出山"，通过跨境电子商务来助力贵州农产品走出国门是一种有效的途径。贵州农产品要在跨境电商中形成自己的优势和特色，绿色农产品品牌的建设是至关重要的。"品牌是企业乃至国家竞争力的综合体现"，绿色农产品名牌的形成有助于增强我国农产品在全球市场上的竞争力，从而带动农产品的增效，增加农户的收入。

农产品原产地形象的品牌塑造对促进农产品发展具有强大的推动力,农产品的原产地形象作为消费者认识和了解产品的外部线索,能够影响消费者购买农产品的意愿(涂洪波和朱清剑,2020)。尤其在电子商务的情境中,农产品的原产地形象会正向影响消费者对农产品的感知质量以及对农产品品牌的信任(何建民等,2018)。针对绿色农产品原产地品牌的塑造,经营者在设计农产品品牌的过程中要根据原产地拥有的特色资源并结合市场需求,突出农产品个性化品牌的差异特征,提高自身在农产品市场中的品牌知名度。绿色农产品原产地的品牌塑造能够帮助农产品经营者形成持久的竞争优势,因为品牌所拥有的原产地形象是其他品牌无法模仿的。要把先天原产地形象基础薄弱的品牌做成大品牌就要注重农产品原产地形象的品牌塑造。原产地品牌可以说是一种区域性品牌,有较高知名度和美誉度的原产地品牌能够让消费者更容易接受和喜爱该地区的产品(崔丽辉,2010)。

加强农产品原产地形象的传播有助于让消费者展开联想,并且让潜在的消费群体从不同的传播渠道获取与农产品原产地有关的信息,但是目前针对绿色农产品的原产地形象传播的研究较为缺乏。占辉斌(2018)认为消费者对农产品原产地形象的态度是一种相对持久的情绪反应,受到农产品产地的自然资源、环境以及历史文化的影响。在绿色农产品品牌的传播过程中强化原产地形象的传播,能够让消费者对绿色农产品的原产地形象产生积极的认知和情绪反应,提高消费者对农产品原产地整体的评价。张耘堂和李东（2016）认为在信息碎片化的时代，整合全媒体进行农产品原产品品牌的传播是非常有必要的。

本书以绿色农产品原产地品牌塑造和品牌传播为研究对象，首先，通过研究跨境电子商务情境下绿色农产品原产地形象的品牌塑造来加强贵州农产品的品牌管理；其次，探究在该背景下绿色农产品原产地品牌传播机制，为贵州农产品品牌建设提供对策和建议，不仅能够弥补国内研究的空白，同时也可以提升贵州绿色农产品原产地品牌的知名度，增加贵州省绿色农产品的影响力，从而为中国绿色农产品的发展提出新思路。

第三章

跨境电商中绿色农产品原产地形象、品牌塑造与传播模式经验及借鉴

第一节 国内绿色农产品原产地品牌塑造与传播模式经验

一 安溪铁观音区域品牌打造模式

安溪铁观音茶叶自 2000 年成功注册商标之后,其品牌不断发展,成为福建区域特色茶业发展的翘楚之一,获得国家地理标志原产地认证,并多次登顶我国茶类品牌榜榜首,深受广大消费者的追捧和喜爱。因此通过分析安溪铁观音的品牌化运作思路与运作手段,能够从中得到许多有益经验,帮助贵州更好地进行农产品原产地形象的塑造。其主要做法有以下几点。

(一)政府层面

第一,政府部门在完善茶叶管理机构和促进部门协调

中有着至关重要的作用。在完善茶叶机构组织的过程中，安溪县先后成立茶产业发展委员会、茶果局和安溪茶业总公司，负责茶叶的培育、种植、加工、销售与推广等多个环节。其中，安溪铁观音地理标志证明商标的品牌化工作主要由安溪茶业总公司负责。另外，建立的数码防伪中心可以保护安溪县铁观音品牌形象不被市场上的假冒伪劣产品所侵害。

第二，为引导和实现安溪铁观音的产业升级，政府制定并出台了一系列政策。安溪县政府在全县范围内鼓励并推动建立生态茶园，完善茶叶的可追溯机制，加强联作制管理。为有效保障茶叶的卫生质量，还推行实施农资市场整治管理等措施。同时，制定并实施《福建安溪铁观音茶文化系统保护发展规划（2022—2030年）》，提出多元化发展的目标，挖掘茶文化特色，推动茶叶产业功能横向化发展，茶叶精细加工，茶叶服务体系更健全、更周到。

第三，为维护安溪铁观音的品牌形象和维持良好的声誉，安溪县政府出台了一系列执法保障体系。包括《地理证明商标使用管理细则》《安溪铁观音原产地域产品保护管理办法》等制度；建设专用标志服务查询系统；开设全国地理标志商标维权网站并组建打假维权队伍；在20多个国家和地区注册申请"安溪铁观音"地理标志证明商标等。

（二）企业层面

安溪茶叶企业在安溪铁观音地理标志品牌成长过程中也发挥了重要作用。首先，为促进地理标志品牌与企业品牌的深度融合和协调发展，众多茶企开始践行"双品牌"制度，即先申请地理标志商业标记，随后将其与自己的企业品牌相结合。其次，茶叶企业一直秉承着"科学发展"的理念，通过加强质量监管、做好品牌建设和提升科技创新能力，为安溪铁观音地理标志品牌成长奠定夯实的产业基础。最后，随着规模不断壮大，众多茶企业主动投入地理标志品牌建设中，推动安溪铁观音地理标志品牌的成长。安溪县茶叶企业积极响应政府号召，主动参加各类茶会展与茶事活动，并投入大量资源来宣传和推广安溪铁观音。近年来，在茶会展与茶事活动中，政府只需"搭台"，并由茶企扮演"主角"来宣传安溪铁观音的地理标志品牌，开拓市场。例如，安溪铁观音神州行活动自2007年开始一直是由安溪县政府组织的，但到2009年时就成了众多茶叶企业相互合作和开拓国际市场的共同载体，极大地促进了地理标志品牌与企业品牌的协同发展。

（三）社会层面

为做好安溪铁观音的宣传，打开其在市场上的知名度，安溪县政府投入大量财力和人力，引导和组织协调茶企及相关社会力量，充分借助传统媒体、互联网新媒体、高端媒体和县级媒体，进行全媒体的宣传，打开品牌知名度。面对互联网新兴媒体的不断发展，安溪县在进行媒体宣传时也充分利用新媒体传播渠道，注册微博账号"新浪安溪"和开通微信公众号，结合传统媒体与网络媒体各自的优点并灵活地使用。因此，安溪县能够在线上和线下进行全方位宣传。另外，安溪县产业资源丰富，方便举办"安溪国际茶叶博览会"等茶事活动。在开展茶事活动时，综合使用线上、线下媒体进行大范围的宣传活动，制造新闻热点，引领并把握安溪铁观音宣传主导权。

此外，安溪县各个茶叶企业也充分发挥各自的优势，通过举行茶主题活动、国内一线明星代言和茶叶庄园建设等各类活动进行多样化的品牌宣传。例如，安溪的三和茶叶是中法建交50年活动的纪念品。此外，八马、华祥苑等茶企相继建立茶庄园，这类茶庄园非同以往，是兼具文化宣传与游览参观为一体的原生态茶庄园，吸引众多来自全国各地的消费者。这些生态茶庄园也成为发展安溪生态茶业和传播茶文化的前沿窗口。

二 新疆哈密瓜区域品牌塑造模式

因为独特的生产环境，新疆哈密瓜具有果肉香甜、清脆可口、香气沁人、瓜身匀称、易贮易运等特点，在众多哈密瓜品牌中脱颖而出。新疆哈密瓜作为名扬海内外的农产品，之所以能成为区域品牌的优势之一是其悠长的历史文化。通过分析新疆哈密瓜区域品牌形成的运作思路和方式，发现新疆哈密瓜区域品牌塑造主要有以下特点。

（一）区域品牌发展的推进器——农业组织化

政府在申请注册新疆哈密瓜的产品商标之后，便着力推进新疆哈密瓜种植的组织化发展。不仅与农业科研机构、相关著名企业等合作培育提升哈密瓜品质，还完善了新疆哈密瓜的销售网络布局，并且进行全方位的促销宣传。通过以上操作，新疆哈密瓜产业发展迅速、农业组织化程度大幅提高，原本当地零散分布的瓜农也开始呈现规模化发展趋势。此外，组建的哈密瓜协会通常都是在政府的指导下开展工作，并受到当地政府农业产业管理的约束。这类协会一方面与政府达成谈判合作的双效机制，另一方面又深入瓜农群体中，向瓜农普及行业政策、开展培训、提供种植指导，并悉心倾听瓜农的问题和建议，与他们共同探讨新疆哈密瓜的发展方针、市场推广策略，并且为节省瓜农的种植成本，哈密瓜协会集体采购种子、肥料等。

（二）区域品牌塑造的内在质量保证——龙头企业

在区域品牌形成的过程中，首先要进行区域品牌的创建，其次依靠品牌效应培育出品质优良的区域农产品，形成产业集群，最终发展成为品牌族群。所以，在新疆哈密瓜区域品牌的建设中，农业龙头企业在连接市场需求与农业生产、高新技术的引进与开发、帮助农户进行科学生产等环节中做出了重要贡献，使企业和瓜农形成了互惠互利的关系，促进哈密瓜产业的可持续发展。此外，龙头企业还能够帮助提高哈密瓜的质量和产量。一方面，从哈密瓜育种开始就实行全过程监控，在一定程度上保障了哈密瓜的产出质量。另一方面，龙头企业的规模化生产能够从根源上解决哈密瓜生产分散、生产规模小等问题，极大地提升了哈密瓜的产量。

（三）区域品牌可持续发展的动力燃料——持续研发投入

为培育出易种植、抗病毒、抗真菌的哈密瓜，持续的、高额的研发投入是必不可少的。通过与院校、农业科研机构等组织的合作，能够培育出适应不同土壤、气候环境下种植的优质哈密瓜品种，例如，培育出的初夏早熟瓜"黄蛋子"通常种植在乌鲁木齐、昌吉等地；盛夏时成熟的"红心脆"通常种植于吐鲁番；以"黑眉"为代表的晚期瓜则生长在和田、喀什等地。正因为这些突破性的研究成果，新疆哈密瓜不仅品种丰富，还在口感、产量、质量上都得到了大幅度提升。因此，农产品的研发投入是产业可持续发展的动力燃料。

（四）区域品牌塑造的捷径——政府的支持

政府的鼎力支持为树立良好的新疆哈密瓜区域品牌保驾护航。在新疆建立哈密瓜区域品牌的过程中，当地政府的贡献主要体现在地理标志保护、品牌文化宣传上。首先，在地理标志保护上，当地政府先是申请新疆哈密瓜地理标志，之后制定相关规章制度来规范化哈密瓜的生产和管理，达不到出售标准的哈密瓜禁止使用地理标志。同时，严格的哈密瓜区域品牌标识使用制度能有效防止市场上冒牌产品对新疆哈密瓜的口碑损害，维护新疆哈密瓜的口碑和品牌形象。其次，在区域品牌宣传上，政府多次举办哈密瓜专项宣传活动，邀请国内外的果品经销商、企业家等莅临现场参与活动。同时，为扩大新疆哈密瓜的知名度，政府主张精品瓜先行的策略，推出"火焰山""楼兰神"等极具新疆地方特色的精品哈密瓜品牌，并在重大赛事（如北京夏季奥运会）中亮相，增大产品的知名度。

三 赣南脐橙区域品牌塑造模式

赣南脐橙的产地位于江西省赣州市。赣州市位于江西省南部，又被称为赣南，由于处于中低纬度地区，赣州市常年受亚热带季风季候的影响，降雨充沛，气温较高，无霜期长，这样的地理环境条件非常适合种植橙子。赣南地区的脐橙表皮呈橙红色或紫红色，皮薄且果肉充实、丰富多汁。起初，赣州地区种植的脐橙并没有统一的品牌名称，下属区县"各自为政"，导致赣南地的脐橙品牌多、杂乱无章，各品牌的知名度和影响力的辐射范围小。后来随着市场竞争加剧、产业规模逐渐扩大，赣州市政府意识到如果不改变现状，不进行品牌统一管理，当地的脐橙很难再保持竞争力。赣州市政府当机立断，将脐橙与本地地名"赣南"组合，所以"赣南脐橙"这一区域公用品牌就这样诞生了。所有产自赣南地区的脐橙都以"赣南脐橙"这一品牌名称出售，但允许使用不同的商标。通过统一命名、统一管理和规范赣南地区脐橙的身份标识，消费者能将赣南脐橙与其他同类产品进行区分，形成了超强的市场竞争力。在"赣南脐橙"品牌塑造的过程中主要有以下做法。

（一）提高脐橙品质

对于瓜果类食品，产品品质、口感是取胜的关键。为提升脐橙的品质，首先，需要对脐橙的栽培、种植等方面进行技术创新，赣州市推出"七改"种植要求和"三保一防"的建园技术。所谓"七改"就是改种植密度，改低定干为高定干，改变修剪方式，改肥料生、干施为腐熟、浇施，改小苗嫁接为大苗嫁接，改激素保花保果为营养液来保花保果以及改化学防治病虫害为生物防治病虫害（尹小健，2007a）。脐橙种植园区的"三保一防"技术是指保水、保土、保肥以及防护林。通过以上技术改进，有效提高了树苗成活率和总体产量，而且出产的脐橙生态健康。其次，为加强脐橙品控，赣州市制定多条脐橙生产和管理标准，如《赣南脐橙栽培技术规范》《赣南脐橙无公害果品质量标准》。最后，为保证果农能有效学习脐橙的相关知识技术，政府推出脐橙技术服务体系并建立柑橘协会、柑橘学校，可以帮助果农学习和掌握脐橙的栽培和种植技术。

（二）统一管理"赣南脐橙"品牌

最初，赣南各县"各自为营"，赣南脐橙品牌多且杂。赣州市政府为改变本地区脐橙"杂乱无章"的品牌现状，在各县区推广"赣南脐橙"作为统一的地理标识，提出"统一品牌、商标各异、注明产地、政府引导、统一管理"的要求。自2010年，赣州市出产的每个脐橙的表皮上都贴有地理标志证明商标，消费者可以通过标识下方的小磁条对赣南脐橙进行溯源。同时，赣南脐橙的生产和销售过程中坚持"统一开采时间、统一包装设计、统一宣传口径、统一产品形象、统一赣南脐橙商品名称"的五统原则；坚决执行"分各自商标、分不同品种、分果品等级、分产地或企业"的四分标准；严格执行"不准染色、不准假冒、不准以次充好"的三不准要求。这些措施既求同存异，保留了各县区脐橙的特点，又加强了"赣南脐橙"这一区域品牌的整体性，使其能够与同类水果有效区分开来。此外，为了保证统一品牌管理的长期性，避免内部竞争破坏品牌口碑和形象，赣州市政府提出产地指导价的概念，确保价格的统一，保证果农的收益（尹小健，2007b）。

（三）立体化营销，开拓国际市场

为使"赣南脐橙"这一品牌走出去，赣州市提出建设脐橙营销体系。秉持"聚焦营销、开发市场、塑造品牌、促进发展"的营销思想，并综合考虑产地、土地销售、产品销售等因素，赣州市政府组织千门万户进行小规模生产，投资于瞬息万变的市场，组织并引领当地果农、公司、批发商、合作社以及超市共建果业合作经济组织，创新性地构建出了一种赣南脐橙的销售模式。为了让赣南脐橙走出国门,销往海外,赣州市坚定不移地践行"走出去"战略。2011年10月,政府部门派出代表团分别到部分东欧及东南亚国家进行调研,收集脐橙在海外市场销售的一线数据,分析其在国际市场的销售现状。同时,向部分国际企业、水果经销商发出邀请,带他们走进赣州,体验"中国橙乡"的魅力。

(四)进行节日营销,提升品牌文化

品牌建设是一个漫长的过程。"赣南脐橙"通过身份定位,在前期成功出圈,收效颇丰,但要建立起一个强大品牌占据消费者心智,还必须进行强有力的营销活动。节日营销,顾名思义就是借助节假日来进行品牌营销活动,主要有两种常见形式,即要么"借势"已有的法律规定的节假日展开营销活动,要么通过"造势"创造一个节日开展营销活动。赣南脐橙主要采用后者"造势"的形式开展营销活动,如每年举办的中国(赣州)脐橙节。脐橙节也是赣州当地最具特色的地方产物节,举办脐橙节的初衷是为了促进脐橙的销售,扩大品牌知名度和影响力。另外,为了提高赣南脐橙在国内外的知名度和影响力,抢占消费者心智,赣州市政府联合脐橙节和新农村电视艺术节,共同举办了"中国(赣州)国际脐橙节暨首届中国(赣州)新农村电视艺术节",大大增加了赣南脐橙的曝光度,并以自信、成熟、负责任的品牌形象进入公众视野,向海内外消费者展示了"兴果富民"政策所带来的巨大成果。在脐橙节上,邀请政府部委领导、柑橘类专家、新闻媒体以及国内外水果经销商参加,在他们的宣传下,提升了赣南脐橙在国际上的知名度。

第二节 国外绿色农产品原产地品牌塑造与传播模式经验

一 法国葡萄酒原产地品牌塑造与传播

在欧美地区，尤其是世界主要葡萄酒生产国，葡萄酒是典型的农产品。法国凭借其优越的地理条件而酿造的葡萄酒举世闻名。法国的葡萄酒品目繁多、五花八门，葡萄酒品牌不胜枚举，是最具地理标志性的法国农产品。其中，香槟和干邑以其丰满醇厚的口感、清香四溢的气味而闻名于世，成为享誉全球的法国名酒品牌。法国作为最先提出原产地概念的国家，其葡萄酒原产地品牌的塑造与传播十分成功。因此，在借鉴国外经验时，本书也对法国葡萄酒品牌进行了分析，发现法国在区域品牌建设中主要有以下特点。

（一）区域划分促进产业集群

法国强调葡萄酒产区的生态条件，法国葡萄酒产业根据产区的风土，并考虑葡萄品种、种植方法、采收方法、酿造及陈酿方式等因素，将适合酿酒的产区划分成十大葡萄酒产区。同时将这些产区又分为多个子产区，如波尔多被分为梅多克、格拉夫等小产区，各个小产区还可以细化至村庄或庄园。精细化的区分产区更能突出各个区域生态资源的优势。

不同的气候环境、土壤以及葡萄品种酿造出来的葡萄酒口味差异较大。在法国，葡萄酒的酿造会按照生态环境和土壤来进行特定的区域划分，不同区域的葡萄种植基地再根据"因地制宜"的原则，选择相应的葡萄品种，实现葡萄品种、气候和土壤的相互匹配，进而能酿造出风格及口味截然不同的葡萄酒（王博文等，2010）。例如，波尔多产的葡萄酒醇香浓郁、齿颊留香；有着"法国后花园"之称的卢瓦河谷，凭借温和的气候酿造出的葡萄酒清新爽口；香槟产区——起泡酒的发源地，出产的香槟酒举世闻名，是一款"优雅浪漫"的起泡酒。法国科学的产区划分以及酒种分类，极大地发挥了集聚效应，增强了产区整体竞争力，打造出了闻名世界的"法国葡萄酒十大产区"。

（二）"原产地命名控制"制度

法国是首个将葡萄酒命名与原产地相结合的国家，也是世界上第一个颁布实行原产地控制制度（Appellation d'Origine Controllee）的国家。原产地控制制度详细规定了葡萄种植基地、种植方法、酿造法、检测标准等，且由专门机构来运营。通过原产地控制制度认证的葡萄酒被认为是品质优良的，这对于保持葡萄酒区域品牌形象具有重要意义。自2010年后，法国葡萄酒被分为三个等级，即法定产区葡萄酒（AOP）、地区餐酒（IGP）和日常餐酒（VDT）。其中，现今的法定产区餐酒（AOP）是由原来法定地区葡萄酒（AOC）演变来的。AOC系列葡萄酒的葡萄品种、酒精含量范围、培植方式、修剪方法和酿造工艺等都是最严格的。在法定产区葡萄酒（AOC）出厂之前，所有该类级别的葡萄酒都必须经过严格的质量检测以及专业人员的正式品鉴，两者都通过后方能获得INAO授予的证书。法国的葡萄酒原产地控制制度不仅能保障葡萄酒的质量，并且这种等级划分的酒也能被消费者有效辨别，可以在不同的场合消费不同等级的葡萄酒。

（三）葡萄酒协会的科学管理

在法国，规格大小不等的葡萄酒协会多如牛毛。葡萄酒协会是落实葡萄酒行业发展政策的主体。遍布法国各地的葡萄酒行业协会是政府与葡萄酒企业沟通联系的纽带，在协调两者的关系和利益分配上有着举足轻重的作用。这类协会的主要职能是提供技术咨询和培训服务，协助企业开展各种品牌营销活动，例如举办品酒大会或者酒博会。此外，这些葡萄酒协会还有一项重要工作，即监督和检查葡萄酒的产品质量。也就是说，葡萄酒协会还肩负着保证产品质量的责任，因此协会中的工作人员基本都是经验丰富，对葡萄酒行业十分熟悉的人。这也使协会在开展工作时非常顺畅，可以灵活地调整制度。也正因如此，在葡萄酒协会的保驾护航下，法国葡萄酒能够在全球的酒类产品中脱颖而出，鹤立鸡群。

（四）独树一帜的酒庄文化

法国不仅葡萄酒出名，法国酒庄同样闻名遐迩，两者相互促进、相得益彰。据法国农业部新人口普查数据显示，2020年法国酒庄数量为59000座（葡萄酒商业观察，2022），其中有不少酒庄有着悠久的历史，例如古尼拉酒庄始建于公元1000年，已有着超过千年历史。法国酒庄弥漫着浪漫气息，蕴含着典雅文化，酿造出品质上乘的葡萄酒，让全球各地的葡萄酒爱好者心驰神往。有些葡萄酒会冠以酒庄名称，例如拉菲古堡酒庄出产的拉菲酒，随着葡萄酒的畅销使酒庄被世人所知，同时酒庄所承载着的历史文化和浪漫主义元素也为葡萄酒增添一份"气质"。一般来说,葡萄酒的所有生产工序都在酒庄内完成,生产者可以全程把控葡萄酒的质量。

(五)多样化品牌推广手段

法国葡萄酒品牌建设中主要通过植入营销、体验营销等方式进行营销推广。首先,植入式营销的传播方式隐蔽,可以在潜移默化中加深消费者印象,例如电视剧中经常出现的台词"82年的拉菲",在受众心理留下了一个概念"拉菲酒是名酒",使其成为奢侈生活的代名词,同时也非常贴合拉菲葡萄酒本身的定位。

除了在广告、影视等中的植入,葡萄酒品牌还赞助高尔夫赛事、顶级商务楼盘开盘仪式或豪华汽车展销会等活动。另外,许多酒庄也通过体验营销的方式推广葡萄酒。体验营销就是通过刺激消费者的感官知觉的一种营销方式。单纯的参观浏览酒庄不足以给消费者留下深刻印象和感官感受。因此,一些酒庄每年会举办一些葡萄酒文化体验活动,如摘葡萄比赛、葡萄酒品鉴会、生态葡萄园以及地下酒窖的参观等,以"吃、喝、玩、乐"的形式,从味觉、视觉、情感、行动等方面去刺激消费者,不仅增强消费者的体验感,还能传播品牌文化价值。不仅如此,法国葡萄酒也会在海内外进行大规模的促销活动,如葡萄酒协会主办大型的葡萄酒展销会,组织各地的酿酒合作社加入,强调葡萄酒的产地优势,宣传效果显著。

二 新西兰奇异果原产地品牌塑造与传播

奇异果,是西方国家给猕猴桃的另一名称,是从中国引到国外种植的一种水果。新西兰人种植奇异果仅有百年历史，但其在奇异果的研发培育、营销推广上都是首屈一指，新西兰奇异果也在国际上名声大振，成为世界性水果，受到众多国家追捧和喜爱。种植奇异果已成为新西兰这个农业国家的支柱产业，对于新西兰奇异果的品牌塑造和推广的分析也有利于我国农产品原产地品牌塑造和推广。新西兰奇异果品牌建设和推广主要有以下几个特点。

（一）构建奇异果国家战略体系

起初，新西兰奇异果产业都是小规模发展，果农各自为营。因此那时的新西兰奇异果产业十分脆弱，曾经一度被美国等国的反倾销政策威胁，众多奇异果企业濒临破产。另外，新西兰在国际市场推广奇异果时多次碰壁，出口收效不佳，导致整个国家的奇异果产业遭受重创。为了挽救奇异果产业，新西兰政府整合资源并实行改革。首先，为了把新西兰奇异果做大、做强，政府劝导"各自为政"的企业家放弃他们的小品牌，共同建立一个统一品牌，故由果农集体出资入股的"新西兰奇异果营销局"应运而生。后又成立 ZESPRI 新西兰奇异果国际有限公司，专门负责向果农收购果实。其次，对涉及奇异果的所有生产运输环节进行改革，不论是从品种培育、栽培还是产品的包装设计、运输等，都制定了严格的标准。

（二）严格控制品质

人们在挑选水果时除了看重口感风味，还非常注重水果的营养价值。为保证奇异果的市场竞争力，提升产品品质是关键。ZESPRI 公司每年固定拨款数百万美元用于奇异果的品质研究，既开发和培育新品种，也注重改良奇异果的口感、外形。在奇异果种植阶段，为保证消费者安心食用生态、无污染的奇异果，ZESPRI 公司执行"绿色环保计划"，规定农药及化肥的使用量，并且规定在奇异果采摘前 3 个月禁止使用任何非天然化合物。此外，在奇异果的生长过程中还需预防各种病虫害、自然灾害等威胁，因此每个果园都专门配备技术监督员进行土壤管理、病虫害防治等（陈冬生，2017）。值得一提的是，新西兰奇异果坚持手工采摘的方式。在采摘后，奇异果进入自动化生产车间，设备会按照奇异果外形大小、重量等进行筛选和分装，其中品相不好或者成熟度未达标的奇异果会被淘汰。奇异果不宜长期储存，因此奇异果的运输储藏条件要求较为严格。由于是根据奇异果的大小、成熟度来分拣包装的，所以会针对性地对不同规格的奇异果进行冷藏和运输。为了让消费者放心食用奇异果，ZESPRI 公司始终坚持产品信息公开化、透明化。每箱奇异果都放置了一张产品信息追溯卡，换言之，消费者可以通过此卡了解到这箱奇异果的产地、生产批次、产品规格等信息。

（三）政府和相关政策的大力支持

新西兰政府出台的政策支持是奇异果能畅销全球的重要基础。从最初新西兰奇异果营销方案成立之时，相应的生产标准制度便应运而生。相关生产制度对奇异果生产过程中的包装、质量标准、技术使用规范等方面都制定了明确标准。为避免国内的奇异果生产商出现价格战，政府授予 ZESPRI 新西兰奇异果国际有限公司垄断经营的权利，也就是说除该公司外，其他任何公司或个人都无权参与奇异果的销售。就奇异果的出口贸易方面，政府主张"抓品质"，确保出口的奇异果的质量口感，进而在国际上获得一定的品牌美誉度和可信度。

（四）全球统一定位、本土化实施的品牌传播

新西兰奇异果的品牌传播策略包括全球品牌统一定位和本土化实施策略。换言之，在不改变奇异果的品牌定位的情况下，结合不同国家的历史文化、促销方式等实行本土化宣传。目前，新西兰奇异果国际有限公司已经在全球70个国家建立了营销渠道。为更好地开展本土化营销活动，当地的奇异果代理机构会聘用本地人才，因为这类人员对本国文化和市场环境、消费者特征有一定的了解，可以有效地实施本土化策略，满足当地消费者的需求。例如，在进军中国市场时，新西兰奇异果国际有限公司发现自己的产品在价格上处于劣势，因为中国本土的猕猴桃价格相对较低，并且中国本土的猕猴桃几乎处于"无品牌"状态，中国消费者也缺乏对瓜果类品牌的认知。通过对上述问题的综合考虑，新西兰奇异果国家有限公司采用"佳沛"作为品牌名称，并且摒弃中国是"一个"市场的思维方式，根据不同城市的特点及差异，制定具有区域针对性的品牌推广方案。在开拓日本市场时，结合日本动漫的流行性，专门设计了奇异果的动漫形象，成功"出圈"，吸引消费者眼球。

第三节　小结

通过对国内外典型的农产品原产地品牌进行调查分析，不难发现，成功的区域农产品品牌的打造离不开"天时、

地利、人和",即历史文化因素、地理环境因素、政府或企业的努力、先进的科学技术等。因此,综合前文的经典案例分析,我们认为一个成功绿色农产品原产地品牌塑造可以从以下五个方面展开。

第一,明确原产地品牌的建设主体。由于原产地品牌具有公共产品的属性,所以仅凭单个企业的"个人力量"或少数经营者"微薄之力"都不能担负起建设原产地品牌的重任。综合国内外原产地品牌案例分析,建设主体可以分为四种:①地方政府。不论是赣南脐橙、安溪铁观音还是新西兰奇异果,政府都扮演一个举足轻重的角色。原产地品牌建设是一项大工程,由当地政府作为主导,引领当地农产品品牌建设是非常可取且明智的选择(薛桂芝,2010)。②准行政组织。如承担某些行政管理职能的非政府公共组织。通过准行政组织进行农产品原产地品牌建设,既拥有一些同政府部门一样的职能权力,同时可以对原产地品牌进行独立管理。③行业协会。例如,法国葡萄酒协会在葡萄酒质量管理、宣传推广上都起着至关重要的作用。④企业联合组织。如多个企业联合共同建设和管理农产品原产地品牌。

第二,建立原产地品牌使用许可制度。我国的农产品品牌意识不强,品牌管理制度尚不健全。次品、假冒产品等乘虚而入,破坏了部分优质农产品的品牌形象和口碑声誉。因此,建立和完善原产地品牌的使用许可制度和管理规范是关键。一是农产品质量是原产地品牌成功的关键要素,所以必须严格把控农产品的质量,建立质量标准体系,严禁用不合格、不达标的农产品以次充好,欺骗消费者。

二是原产地品牌的使用许可应有严格的流程规范。如申请人必须是原产品品牌经理，并且只有资格审查合格的生产商才能被授予原产地品牌，并对未经批准而使用原产地品牌的企业进行处罚。同时，为了保证原产地品牌的统一性，维持其良好的品牌形象，还必须对原产地品牌的被授予者进行规范化管理和监督，例如必须使用相同的品牌形象、农产品的价格等营销应保持步调一致。

第三，促进农产品产业化和组织化。目前我国的农产品种植规模小、标准化程度低，产业发展程度缓慢，这在一定程度上阻碍了农产品原产地品牌的塑造。原产地品牌是绿色农产品产业集群发展到一定阶段的具体表征（靳明和周亮亮，2006）。对标法国葡萄酒和新西兰奇异果等高度产业化的农产品，我国的大多数农产品尚未建立起原产地品牌。即使是已经建立原产地品牌的农产品，其影响规模、知名度、产业化程度较为局限（陈剑锋和唐振鹏，2002）。所以，当务之急是加快农产品产业化、组织化发展，形成一定规模的产业集群。

第四，加强品牌文化传播。从消费者的角度来看，品牌建设的有效性体现在品牌知名度、美誉度和忠诚度上（刘金花等，2016）。在进行品牌文化传播之前，可先将农产品与当地的历史文化资源进行整合，使农产品的品牌形象更立体。同时，采用多样化的品牌文化传播方式，建立全方位的传播渠道。品牌文化传播的根本目的是将产品信息传递给目标消费者，并使其产生购买行为。农产品的传播不仅可以深度挖掘线下渠道，还可以开拓线上渠道，如建立线上交易网站，开通公众号等，并且通过体验营销、植入式营销等方式，增强消费者的感官体验，占据消费者心智，进而形成对品牌的忠诚度。

第五，技术创新是提升农产品品质和市场竞争力的关键。不置可否的是，高品质的农产品成长离不开得天独厚的地理环境，但科学技术的应用能让农产品的品质"更上一层楼"，也是形成区域品牌的重要保证。科学技术可以被应用于农产品生产的各个方面。在产品培育阶段，可以通过与科研机构合作研发出新品种或者具有更高存活率、抗虫害病菌的优质幼苗；在农产品种植阶段，可以提升栽培技术以及田间管理技术，科学地利用生态环境，同时还可以通过科学技术预防自然灾害等；在产品采摘阶段，可以研发出高效率的采摘机器，减少人工成本；在产品包装运输阶段，利用大数据技术生成农产品的可追溯码，确保每个产品信息的透明化，并且为践行"保护生态环境"的理念，可以利用可降解的材料进行包装。总之，农产品企业可以通过组建科研团队，或者与农业科研机构、相关院校进行合作研发出更高品质的农产品，或者引进国外先进农业技术提升农产品种植技术，从而确保农产品的市场竞争力。

第四章

跨境电商与乡村产业振兴

第一节 引言

党的十九大报告正式提出了乡村振兴战略，内容涉及产业、人才、文化、生态、组织的全面振兴，其中产业振兴是最为关键的，实现乡村振兴要认识到产业振兴的必要性。此次在新农村产业建设方面提出的"产业兴旺"是对以往的"生产发展"战略的升级，更是凸显了党和国家对当前乡村产业发展的高度关注（杨江华和刘亚辉，2022）。乡村振兴的起点是满足人民对美好生活的需要，产业振兴提供物质保障，依靠优势特色产业增加农民收入，提升农户的生活幸福指数。2022年中央一号文件在聚焦产业促发展中提出了五项要求，明确指出了产业融合发展、县域富民产业、农民就地就近就业创业三个着力点（新华社，2022）。

近年来的实践成果也证实了农村电商在完成脱贫攻坚

的任务中发挥了强有力的作用,并在当今农村地区稳中求进。新时期为巩固脱贫攻坚成果,在面对农业生产技术和国际市场环境的变化过程中,局限于单一国内市场的营销战略逐渐被打破,越来越多的企业参与到国际竞争中,跨境电商也在农村电商产业发展中成为热点话题。乡村振兴靠产业,产业振兴靠品牌,发展跨境电商不仅适应了加快建设贸易强国的要求,也是打造乡村特色农产品品牌的重要抓手。如何利用好跨境电商这个杠杆,关键是找到二者的结合点,找准信息化带动农业产业化的方向,不断优化技术和生态环境,推动农村产业朝着可持续发展的目标前进(袁银传和康兰心,2022)。可以说,乡村产业振兴和跨境电商的发展是相辅相成的,它们之间存在一定的逻辑联系。一方面,各地要认识到跨境电商对乡村产业振兴的助推作用。抓住跨境电商带动农村产业发展的机遇,将大量特色农产品通过跨境电商平台输出到国际市场,通过塑造区域特色品牌提高产品市场竞争力,有序推动农村产业高质量发展,逐步达成乡村产业振兴的目标。另一方面,在乡村产业振兴的背景下,政策扶持、市场前景、社会参与和技术进步也为农村跨境电商的发展提供配套服务,为其繁荣发展铺路搭桥。因而,在农村原产地绿色农产品品牌的塑造与传播的过程中,有必要在把握跨境电商和乡村产业振兴的内在联系的基础上,探索适合本地区的品牌发展策略。

第二节 跨境电商助力乡村产业振兴

在全面推进乡村振兴战略的进程中，农村电商成为农户创业的普遍选择，由此诞生了大量的"电商谷"和"淘宝村"，跨境电商也在全面推进农村电商发展中找到了前进的方向，为农产品上行提供了更广阔的市场前景。跨境电商在与农村发展的深层次互动中不断推动农村产业升级，从而产生产业集聚效应并推动产业融合发展，为农村产业带来切实利益。其次，在这一互动过程中，各地能够发挥自身优势，带动打造区域富民产业，创造农户多元的就近就业创业机会，为农民创造价值收益，从而助力乡村产业振兴，破解农业现代化和农村整体发展的难题。

一 跨境电商推动农业产业升级

（一）跨境电商驱动产业集群

产业转型升级从宏观层面上看体现在两个方面，一是高级且合理的产业结构，二是产业在空间的转移或集聚。跨境电商面临着一个规模化的供需市场，需要更精细化的分工，这是实现产业集群升级的有效途径和全新思维，因此，与跨境电商有着紧密联系的相关企业需要向特定领域集聚，在内部积极互动的驱使下演化为产业集群（张夏恒，2022）。跨境电商平台拥有线上线下的集成特性。从线上集成来讲，帮助企业可以直接接触国外客户群体，及时获取碎片化需求，通过有效地整合供需两端的资源，使生产者能够快速地响应市场变化，及时调整生产方向，从而能高效率地满足顾客多样化、个性化的需求。从线下集成来讲，跨境电商模式下的生产订单由大批量变为批次多、数量少（李芳等，2019），而在"互联网+"的作用下可以实现跨产业的融合，促使产业集群内的企业整合优化资源配置，强化专业分工，发挥协作效应，转向柔性的生产制造方式，从而推动整个供应链和产业链的优化升级（刘鹤，2019）。同时，产业集聚区内的企业有着紧密的联系，通过共享所需的生产要素和劳动力等资源，整体降低了生产成本、交易成本和运输费用等（李龙和蒋苑苑，2021），由此带来的竞争优势和规模效应也会逐渐显现，为农村经济发展提供了新的原动力。此外，产业集群带有明显的地域边界，在农村地区发展跨境电商就是为了带动区域的发展，这种区域文化特征也使集群内的企业关系更加稳固。例如，山东省在落实"跨境电商跃升计划"的过程中，通过培育认定省级跨境电商平台、产业园和公共海外仓等举措完善跨境电商生态圈，并将继续根据国家"发展数字贸易，加快建设贸易强国"的部署要求，借助跨境电商实现产业集聚。

（二）跨境电商推动乡村产业融合发展

在数字技术的驱动下，政府也重视跨境电商在改造传统产业中的作用，提出要依托跨境电商平台，打通上下游产业链，促使其与传统产业深度融合（张夏恒和赵峥含，2022）。跨境电商技术在推动乡村产业融合发展过程中发挥了重要作用，为乡村产业的有机整合、协同发展带来了机遇。第一，电商数字技术与乡村本地服务结合后可以应用在不同产业间，让原本无关的企业之间形成依赖关系，为推动"农产品上行"共同发力，从而提高农产品整体竞争力和区域品牌知名度,推动农产品提质升级和精细化加工生产,带动相关产业融合发展。第二,农产品生产企业借助跨境电商模式,打开了对外经济的大门,打通了直接与全球市场消费者信息的对接通道,推动了当地产业的快速裂变,并缓解了农产品交易成本对乡村产业融合发展的制约(刘亚军和储新民,2017)。第三,跨境电商在对农村产品、技术、人才等资源进行整合的情况下,不仅带动服务业进一步发展,同时也在二者结合的基础上实现自身升级,打破了产业逐级发展的固有思维,实现农村地区第一、第二、第三产业协同发展(张硕等,2022)。

二 跨境电商助力县域富民产业打造

乡村振兴必须要抓住产业振兴这个关键的突破点(袁银传和康兰心,2022)。聚焦产业促发展需要借势信息化带动农村产业化,利用好互联网和大数据等技术,从打造具有强大优势、影响力广、就业容量大的当地特色产业,进而带动县域范围内的发展。一方面,跨境电商可以发展壮大当地特色产业,通过打造原产地区域品牌赋能三农、助力乡村振兴,持续提升地域品牌在海外市场的影响力。例如,合肥市在推动实体经济与数字经济融合发展的过程中,采用"产业带+跨境电商"的创新模式,依托该市的家电、新能源等优势产业,在产业带跨境电商生态体系下,发掘了地域特色产业的发展潜力,为打造富民产业增强动力。另一方面,跨境电商可以有效整合上中下游企业,强化整个农村产业链的融合;并不断完善生产、物流等基础设施,推动农村现代化发展;引导中小微企业进行专业分工,从而为农户提供大量的就业岗位,助力打造县域富民产业。

例如，连云港市东海全县的 5000 余家中小企业抓住跨境电商的契机，拓展跨境电子商务业务，为县域的经济发展提供了新思路。在此基础上，围绕水晶产业建成了产业园区、跨境电商交易中心等，园区内聚集了水晶产业从原料采购、文化创意、设计加工、包装物流到终端跨境销售的全链式公司，为水晶跨境出海提供了难得的发展机遇。东海水晶也因此打开了国际市场，产品源源不断地销往国外多个地区，推动了包装、快递、运输等配套服务的完善，水晶产业通过跨境电商的模式带动了该地区经济发展，成为富民强县的主力产业。

三 跨境电商促进农民就业增收

（一）跨境电商带动农民增收

农村电商不仅是农村创新发展的原动力，也是带动农民增产增收的重要方式（张硕等，2022），然而，流量为王的时代已不再适应传统电商的发展，电商企业还需要在更精细化的领域做深、做透。跨境电商作为一种全新的商务模式，通过集聚农户共同销售具有地区特色的产品，焕发了农业经济的新动力。首先，跨境电商平台具有网络外部性（唐红涛和李胜楠，2020），扩大了销售辐射半径，使农产品突破地域、库存、线下销售能力的限制，为农产品与国际市场接轨提供新渠道，提高了农产品销量，高效地化解了农产品滞销的难题。其次，跨境电商的农产品贸易模式简化了进出口交易流程，降低了农产品交易成本和贸易壁垒风险，使农户在国际市场竞争中把握主动权，不断提高农产品质量，增强抗压能力。近年来，贵州一直致力于利用电子商务推广"黔货出山"，在脱贫攻坚的道路上带动了当地经济的发展。为确保乡村振兴的有效衔接，贵州省应通过跨境电商平台将具有当地特色的绿色农产品推向国际市场。

（二）跨境电商创造多元就业机会

聚焦产业发展要把握好带动农民就地就近就业的着力点，农村创新创业不但丰富了乡村产业振兴的多样性，还为产业振兴赋予新的活力并增强发展动力（袁银传和康兰心，2022）。大量劳动力在乡村振兴工作的呼唤下选择返乡，就地就近解决劳动力就业成为当务之急。发展农村跨境电商可以带动关联的第一、第二、第三产业发展，为乡村创造多种就业机会，帮助农民摆脱单一的耕种就业方式，推动乡村就业向多元化转型。跨境电商带动就业有两条关键路径：一是为农民提供更多在当地就业的机会，根据农村剩余劳动力的不同特点，提供相关匹配的岗位，如安排留守妇女担任客服、仓储管理员，安排有一定技术操作能力的人员从事技术维护工作，培育特色农产品销售和宣传的农村网络红人等（Peng et al.，2021）。二是跨境电商的准入门槛低，适合大众创业，并且在相关服务体系的完善、政府支持以及降低学习成本的条件下，农村地区可以依托跨境电商打造创客中心来完善农村居民创业环境，利用这种关系网络吸引外来的创业者，不断推动乡村产业质量和效益的提升，为农村经济发展贡献力量（魏晓蓓和王淼，2018）。

第三节 乡村产业振兴服务跨境电商

在全球新冠疫情冲击以及复杂多变的外部环境下，2021年我国跨境电商进出口规模达到了1.98万亿元，同比增长了15%（中华人民共和国海关总署，2022），跨境电商在促进外贸平稳发展中发挥了重要作用。当前，各地区推行落实的乡村振兴战略也可以更好地服务跨境电商发展，跨境电商在政府政策的引导下将会释放发展潜力，激发发展动能，助长发展活力，进一步筑牢发展根基。

一 政策扶持释放跨境电商发展潜力

政府的政策扶持与跨境电商的发展密切相关，可以说，缺少政府强有力的扶持，跨境电商发展必定是举步维艰（陈波等，2022）；而在政府相关政策支持下，跨境电商将会释放发展潜力，并朝着更加多元化的方向前进。第一，《"十四五"电子商务发展规划》明确表示发展跨境电商是一项关键任务，并提出了三项主要任务：一是扩充跨境电商龙头企业的数量和规模；二是推动相关配套服务产业集群发展；三是构建线上与线下相结合、境内与境外联动的营销模式（商务部，2021）。第二，针对发展跨境电子商务的问题，我国各部门都秉持着积极的态度，先后分为六个批次在全国范围内建立132个跨境电商综合试验区，不仅从沿海地区扩展到内陆，而且也向三四线城市延伸，地理位置上趋向均衡分布。同时，为确保跨境电商企业顺利开展跨境业务，在通关、物流、支付等流程上，政府也积极提供服务与支持，从而在一定程度上节省了流通成本（施菁，2022）。第三，2022年发布的中央一号文件也为推动农村产业融合指出"数商兴农"的新方向，借助"互联网+"的优势，推进农产品进城出国（新华社，2022）。第四，党的二十大报告提出加快建设贸易强国，推进高水平对外开放（习近平，2022）。农村地区在统筹乡村基础设施和公共服务布局的基础上，为跨境电商的入驻以及乡村特色产业的打造提供了良好的发展环境。在当前推行内外双循环发展格局的环境下，政府更加强调跨境电商对于实现高质量发展的必要性（施菁，2022），通过构建完善的制度、强有力的监管及相关的政策指引模式为农村跨境电商营造了良好的发展环境。

二 市场前景激活跨境电商发展动能

在新冠疫情肆虐全球、国际贸易摩擦不断升级的影响下，跨境电商在全球贸易困境中逆势上涨，为拉动外贸增长做出了巨大贡献。作为全球农业贸易大国，对内，我国农产品进口需求还有很大的市场需要填补；对外，也不能低估农产品贸易发展的巨大潜力（施菁，2022）。国家近年实施的"互联网+对外贸易"战略旨在帮助传统对外贸易企业通过互联网渠道实现转型升级，推动跨境电商发展。"一带一路"倡议和全球经贸一体化的深入融合为中国农产品贸易的发展提供了历史机遇，"丝路电商"不但让我国农产品走向更广阔的市场，也引导沿线各国的中小企业参与全球贸易，促进全球电子商务供应链一体化发展，激活了跨境电商的发展动能。此外，在乡村振兴的推进过程中，大量带有农村地理标志的农特产品受到海外消费者的一致好评，进一步扩大了农特产品的出口规模。因此，面对广阔的农产品外贸市场前景，要秉承"借产业促乡村振兴，以贸易振县域经济"的理念，激活跨境电商推动我国农业贸易发展的动能，为农业农村可持续发展贡献力量。

三　社会参与助长跨境电商发展活力

目前，跨境电商在我国外贸发展中是一股不可或缺的力量，跨境电商并非像国内电子商务在网站上上架产品，通过物流就能将产品送达到消费者手中这么简单，跨境电商整个过程涉及的环节众多，是一个复杂的系统（张远惠，2021）。在跨境电商的发展过程中，更加强调社会的广泛参与，从而为其增添新的活力。一方面，在落实乡村振兴战略后，乡村旅游、智慧农业等产业也得到进一步发展，大批人才抓住重大机遇选择返乡就业创业；通过鼓励电商创业者利用电商模式来推广农产品，为农村跨境电商提供了一批经营人才和技术能手。另一方面，阿里巴巴、京东等大型电子商务企业在发展国内业务的同时，也积极拓展海外市场。此外，随着对跨境电商认知程度的加深和对其带来的可观效益的关注，村民的参与意愿也逐渐提高，一些农村地区的电商企业和农户积极加入推动农产品网络销售至国际市场的热潮中，自发成立跨境电商团队，依托跨境电商平台将所在区域的特色文化或生产的产品推向国际市场。

四　技术进步筑牢跨境电商发展根基

大数据、物联网等快速发展的数字技术，促使全球贸易也向数字化方向转变，跨境电商的发展更是离不开强大的技术支持。第一，新一代信息技术向农村贸易领域渗透，在数字乡村建设提升农村网络信息化、数字化水平的背景下，跨境电商能够为农产品电商创造出更加多元化的对外开放窗口（施菁，2022）。第二，互联网技术是跨境电商的"催化剂"。在落实乡村振兴战略的过程中，全国各地都逐步完善了网络基础设施，同时网络宽带速率也在以几何的速率增长，确保了跨境电商行业发展的技术需求。第三，跨境物流服务是影响国际消费者跨境购物最重要的因素之一，这就需要先进的物流技术加持，我国跨境物流行业也在不断革新物流服务技术，以适应跨境贸易的发展。例如，中国邮政、顺丰等物流方以提升国际物流服务为着力点，不断提升跨境物流服务的可靠性和保障性，确保国内产品顺利走出国门。

综上所述，跨境电商与乡村产业振兴有着密切的联系，二者相辅相成。一方面，跨境电商从带动产业融合升级、打造县域富民产业、农民就业增收等方面助力乡村产业振兴；另一方面，乡村产业振兴背景下的政策扶持、外贸实力提升、社会参与、技术进步也可以更好地服务跨境电商的发展。因而，在发展农村特色产业的过程中，按照"加快建设贸易强国"的要求，借助"跨境电商"道路推动农企品牌出海，并不断增强品牌培育能力，突出区域范围内公用品牌的价值辐射作用，强化原产地形象，培育和塑造具有地域特色的"爆品品牌"，提升国际市场竞争力。

第五章 跨境电商中贵州省绿色农产品原产地品牌塑造现状、问题及原因

第一节 引言

原产地品牌并不是某一企业品牌,而是一种通过区域资源优势、特定区域产业集群的特征来识别的区域性公用品牌,具有公共属性、外部属性以及非竞争特性等特征。从原产地区域内相关资源品牌视角来看,原产地品牌是一种公共资源,可以正向发挥外部性的作用,扩大辐射区域范围。从原产地以外的其他企业品牌来看,原产地品牌依靠区域内部的资源优势,可以在一定范围内对其他品牌进行垄断。从消费者的角度来看,原产地品牌可以直接传递产品原产地、产品质量等信息,减少了购买过程中的信息搜索成本。原产地品牌形象是消费者对某地区产品价值的

评价标准之一，所以塑造良好的原产地品牌对于带动区域整体发展具有重要的战略意义。原产地品牌即某地区地理标志和品牌的结合，一方面，原产地是某一地区的地理标志，关于地理标志的定义已经得到普遍认同的观点，在《中华人民共和国商标法》第16条第2款规定中是这样表述的：地理标志代表某一商品的来源地，该商品表现出的质量、声誉等特征受到该地区的自然或人文因素影响（中国人大网，2020）。另一方面，品牌作为一个特定的标识，为消费者提供了识别产品和服务的基础（Weilbacher，1995）。但一个成功的品牌不仅要让消费者可以快速识别其提供的产品和服务，还要满足顾客特定的、贴切的需求（Chernatony and McDonald，1998）。当前，品牌对于企业以及地区经济发展的作用日益凸显，且慢慢成为企业资产的关键性因素。Nebenzahl（1997）认为品牌带有原产地的概念，即消费者将某一品牌视为来自某个国家或地区。消费者对原产地的信任会促进其对该地区的品牌信任（Alfred and James，2009），因而在进行品牌塑造的过程中，不能忽视原产地形象即地理标志对区域品牌的巨大推动作用。

贵州省绿色农产品品牌塑造具有一定的先天优势。第一，贵州省拥有良好的地理生态资源，气候温暖湿润，地形主要以山地为主，山地面积占贵州省土地总面积的一半以上，在民间也存在"八山一水一分田"之说。第二，采用特色的民间手工化的生产方式，保证了贵州省产出的特色农产品具有绿色、优质的产品品质。第三，贵州省始终秉持绿水青山就是金山银山的理念，非凡十年大踏步前进，贵州农业经济、旅游业发展大幅提升，茶叶、辣椒、刺梨、蓝莓等农业特色优势产业种植面积全国第一（贵州省人民政府网，2022）。但是，即使在掌握先天优势的基础上，贵州省绿色农产品在销售和品牌建设等方面仍然面临一定的问题。一是由于贵州省绿色农产品销售渠道单一，一直未能获得有利的市场；二是贵州绿色农产品原产地品牌塑造一直没有取得很大的进展。近年来，随着大数据在贵州的迅猛发展，以及国家和政府的政策扶持，贵州省涌现出了一大批规模化的农产品电商平台，如贵州电商云、京东贵州馆、贵农网、淘黔宝等，跨境电商的发展初露锋芒。鉴于此，本书将贵州省跨境电商中绿色农产品作为研究对象，在整理贵州省跨境电商中绿色农产品品牌塑造现状的基础上，分析在此过程中产生的一些问题及成因，为贵州省跨境电商中绿色农产品原产地的品牌塑造提供发展思路，为加快贵州省经济发展提供指导方向，推动贵州绿色农产品走向全国，面向世界。

第二节　跨境电商中贵州省绿色农产品原产地品牌塑造现状

品牌是指产品特有的、具有独特性的、能够被消费者识别的、具有经济价值的无形资产，品牌作为一个特定的标识为消费者提供了识别产品和服务的基础（Weilbacher，1995）。品牌塑造是企业给品牌特定的形象定位，并付诸努力去实现的过程，不断创造品牌价值，提高竞争力和影响力，有针对性地满足某一消费群体需求的营销活动。贵州省依托当地独特的地形地势，积极推动绿色农产品品牌塑造，政府、企业、农户三方联动，为贵州省农产品品牌塑造贡献了巨大的力量。近些年来，贵州省地理标志认证工作如火如荼，申请了众多农产品绿色标识，积极以农带富，聚焦贵州十二大特色农业产业，极大地推动了贵州的经济发展。

一　农产品品牌数量增加

贵州省独特的地形地貌、优美的生态环境、丰富的农业资源以及精细的人工生产，这都为当地的农产品贴上了绿色、安全、无污染的优质标签。2018年，贵州省委省政府重视品牌建设，指出要把品牌培育工作落到实处，要将贵州品牌塑造起来，并积极组织农产品品牌价值评价活动。另外，贵州省委省政府从多元化、多方式、多层次的角度全面狠抓农产品特色产业振兴，以产业振兴带动乡村振兴。一是在全省实行农村产业革命，把辣椒、绿茶、食用菌、刺梨等十二个产业作为特色产业重点发展，在政府的扶持下，各产业也不断推出新的品牌。二是不断优化产业布局，实现规模化生产，大幅度提高农产品产量，同时，为保证品牌声誉，依据产品生产标准，不断优化产品品质。三是通过政府—企业—农户三级联动，实现产销一体化。根据贵州省农业农村厅发布的数据，2021年全省地区生产总值19586.42亿元，比上年增长了8.1%，其中第一产业增加值2730.92亿元，比上年增长了7.7%（贵州省农业农村厅，2022）。基于贵州省当地特色农产品的产出，大量的农产品品牌应运而生。此外，贵州省食用菌、茶叶和精品水果等特色农产品的发展方兴未艾，区域农产品品牌价值不断体现。总的来说，贵州省第一产业依托政府的扶持，利用当地的地理资源，推动了贵州省绿色农产品的品牌数量不断攀升，成为可以带动贵州省经济发展的一面典型旗帜。

二 品牌知名度提升

由于我国面积广阔，不同地域范围在社会环境和自然条件等方面具有一定的差异性，并且随着区域产业集群的兴起，形成了大量的优质区域品牌，极大地带动了当地企业的生产集聚和企业集群。在消费者对某一品牌产品的购买决策过程中，会遵循"品牌知识→品牌信任→品牌忠诚"这一逻辑顺序形成品牌认知，这也被认为是品牌概念化模型（Cai，2002）。首先消费者基于品牌知名度、认知和情感形象等多方面的品牌知识，在头脑中自觉建立对某个新品牌的认知；其次所获得的品牌知识可以促进消费者对品牌的信任，从而影响消费者购买决定；最后在多次重复访问或主动推荐后可以实现消费者的品牌忠诚。贵州省借助其独特的地理区位优势，打造了一系列知名度较高的区域公共品牌，极大地提升了消费者对"绿色贵州"的情感认知。

贵州省通过一系列手段落实绿色农产品品牌化建设，推出以"政府+企业+农户"三位一体的模式，支持鼓励区域绿色农产品知名品牌塑造，将"绿色贵州"原产地形象与"特色农产品"产品标签联名，打造出可识别的区域公共品牌。与此同时，在落实强有力的措施下，强化了贵州区域绿色品牌效应，极大地提升了品牌知名度。第一，强化"三品一标"认证推广力度。一是对符合相关资质的经营主体、行业协会等相关群体予以政策倾斜，对特色农产品在进行"三品一标"的认证过程中,适当降低门槛,优化审批流程。例如,通过恰当地放宽"三品一标"认证限制,塑造了一批以"多彩贵州·绿色农业""贵州绿茶""乌蒙山宝·毕节珍好"为代表的具有地方特色的民族区域品牌。二是考虑到省内的不同区域环境,制定特定范围的农产品品牌标准,在绿色农产品检测达标后便可无偿使用。三是农业农村部在推进"三品一标"工作中,指导各地区在农业生产环节培育优良品种,采用标准化的生产方式,不断提高产品品质,维护品牌形象,从而推进绿色农产品朝着更高层次的方向前进。第二,整合省内外优质资源进行全媒体、全方位、多层次、宽领域的宣传推广。一是通过设计制作贵州绿色农产品主题宣传片,对外展示贵州绿色农产品的优质绿色形象,强化消费者对贵州的绿色品牌认知;二是充分利用省内优质资源宣传贵州绿色农产品,比如在省内著名旅游景点、大型主题会议展区、高速公路服务区等人流量较大的场所增设绿色农产品宣传栏。

三 品牌营销手段增加

贵州省自然条件优渥,气候温暖,孕育出丰富的绿色优质农产品,但是由于地处高原,地形崎岖,销售渠道不畅,形成了"资源诅咒"。近年来,随着"互联网+"的发展,贵州大部分地区也抓住契机,采取多样化的农产品品牌营销手段。第一,电子商务落地贵州,政府以及生产农户借助东风优势大力助推"黔货出山",孵化出一批具有代表性的电商服务平台,如贵州电商云、淘黔宝、贵农网等,为将贵州优质绿色农产品推向国际市场增添了新的渠道。第二,在"云体验、云选择、云购买"盛行的时代背景下,贵州省特色农产品也紧跟直播带货的热潮，毕节的玛瑙红樱桃、修文猕猴桃、安顺刺梨等产品在直播过程中实时销量暴涨。这种新的营销手段有助于黔货出山、黔货出海，从而让更多的国内乃至国际消费者品尝到贵州特色农产品的味道。第三，借势展会进行品牌营销。首先，省级政府牵头定期开展特色农产品集中推介活动；各单位以团队的形式在全国性或区域性的重要展会集体亮相。其次，坚持办好符合当地特色的农产品交易会，茶、辣椒、饮用水、酒类等产业博览会，以及"黔货进京""黔茶飘香"等特色主题的活动。这些大型展会一方面为产业链的上下游企业提供了共同交流的平台，另一方面也能在无形之中借势营销品牌。

第三节 跨境电商中贵州省绿色农产品原产地品牌塑造存在的问题

"十二五"以来，贵州省农产品品牌塑造效果显著，贵州优质的绿色农产品越来越被消费者熟知和认可，黔货不再像以前一样只能深藏于山林之中，黔货出山，势在必行。不过由于贵州省聚焦于品牌塑造起步时间较晚，一切还只是在探索中前进，虽然已经取得了一些成就，但是在品牌塑造过程中问题依旧存在，本书通过查阅资料，并结合贵州省绿色农产品品牌塑造发展实践，对在品牌塑造过程中存在的问题予以总结，希望能为贵州绿色农产品品牌塑造贡献一分力量。

一　知名品牌数量少

早在 2010 年，贵州省就开始了农产品地理标志保护工作，到目前为止已经超过十年了，在 2021 年全国农产品地理标志评审会上，贵州省又有 6 个产品获得了认可，分别是杠村米、茅坝米、贞丰四月李、石阡香柚、金沙黑山羊、荔波瑶山鸡，从总量看，贵州省地标农产品已达 137 个（人民日报客户端，2021）。在 2019 年突破 100 大关后，农产品地理标志认证数量也在逐步上升，这对助力农产品提质增效、助农增收方面有重要作用。然而，贵州省国际知名品牌数量却不是很多，品牌影响力不足。截至目前，在国际知名度较高的贵州农产品品牌数量稀少，其中最具代表性的虾子辣椒、贵州绿茶，以及其延伸企业品牌的老干妈和都匀毛尖。此类品牌市场影响力较高，作为区域公共品牌能够带动当地经济的发展，促进当地企业的集群。除上述品牌之外，众多贵州省农产品品牌的影响力范围小，如织金竹荪。贵州食用菌产业起步较晚，许多地方都是摸着石头过河，生产管理不规范，生产技术不成熟，竹荪品牌塑造力度不强，贵州竹荪品牌仅在贵州当地知名度较高，在省外、国外却没有很大的品牌影响力。再如，贵州刺梨，这个满身是刺的"山果果"在以前只是山里的刺果，未具备较大的经济价值，直到贵州把刺梨纳入十二个特色产业之一，刺梨才进入消费者的视线。刺梨富含维生素 C，有"维 C 之王"的美称，具有极大的经济价值，是贵州的特色农业资源，这个不起眼的带刺野果正逐步蜕变成值钱的宝贝，但由于起步时间晚，刺梨品牌的知名度仅仅在省内得到认可。贵州诸如此类的农产品品牌数量极多，农产品本身质量优良，品质上乘，但由于地形地貌的限制，贵州特色农产品无法实现真正的黔货出山，销向全国，面向世界，品牌影响力得到了极大的限制。

二 "搭便车"现象严重

"搭便车"现象是一种典型的经济溢出现象，指的是不付出任何代价、成本却得到了额外的收益，是典型的投机行为。"搭便车"本身具有一定危害性，通常会阻碍市场的灵活性，降低市场效率，不仅损害了"被搭便车"方的实际利益，而且严重地威胁了行业内的整体利益。贵州在进行地理标识认证的过程中，"搭便车"现象屡见不鲜，很多农产品质量不达标，生产过程不规范的小企业、个体户等主体利用地理标识进行产品倾销，谋取不正当利益，严重损害了行业的整体利益，破坏了行业内的品牌形象。

由于信息不对称性以及产品的同质性，消费者无法识别产品的真伪性，这就给一些不法商家提供了可乘之机。例如，贵州绿茶作为贵州知名农产品品牌，绿茶产品质量高，生产工序严密，品牌塑造非常成功，位列国内茶叶市场第一梯队，并且贵州绿茶在国外茶叶出口中所占比例极高，其中"贵州绿茶"的代表"都匀毛尖"独占鳌头。但是也正由于都匀毛尖品牌形象良好，深受消费者喜爱，很多资质不达标、产品不合格的小企业、个体户借助都匀毛尖的品牌形象大量销售自己的劣质产品，混入茶叶市场，甚至外省茶企也打着"都匀毛尖"的旗号兜售茶叶，"搭便车"现象甚是严重。当市场上随处可见冒牌的"都匀毛尖"时，不仅损害了消费者的权益，也严重损害了都匀毛尖的整体品牌形象。除都匀毛尖外，贵州省其他优质地理标识也深受"搭便车"的困扰，如虾子辣椒、修文猕猴桃等。贵州省在进行品牌塑造的过程中，"搭便车"现象是现存的一个较为严重的问题，需要政府、企业加以重视，及时制定相关措施积极应对。

三 电商服务体系不健全

贵州省为助力"黔货出山"，扩大贵州农业产业特色优势，确保产品能够卖出去，各级政府搭建电商服务平台，面向全国，服务全国，不断完善农产品的产销链，提升农产品在市场中的流通速度。然而，在这种情况下，电商服务体系建设仍不健全，主要体现在以下两个方面：第一，电商服务保障体系不完善。一方面，物流是电商服务体系中的重要一环。贵州省的山地多，优质的特色农产品大多产自偏远的山区，但由于流通性基础设施建设难度大，导致交通运输不便，甚至要辗转多种不同的交通工具才能送达消费者手中，极大地延长了物流时间，影响了物流配送速度和效率。另一方面，通信网络覆盖不够，多数山区没有通信基站，村民需要花费更高的经济成本才能使用互联网，因此，人们对网络的接受度和充分利用还存在一定的困难。第二，电商服务主体能力不足。贵州省各地农村电子商务工作起步较晚，同时缺乏直接经验借鉴，导致贵州的电商服务体系的建设举步维艰。此外，各级县域领导及干部班子缺乏系统的电商知识，出台的相关政策效果不佳，使农业与电商无法形成联动机制。就农产品生产企业而言，大部分企业规模较小，综合实力弱，难以应付国内或者国际市场的消费需求。

第四节　跨境电商中贵州省绿色农产品原产地品牌塑造存在问题的原因

通过对贵州省品牌塑造过程中存在的问题加以总结，继而探讨贵州省品牌塑造存在问题的原因，通过整理资料以及现场实地考察总结出以下三个重要原因制约着贵州省绿色农产品品牌塑造。第一，品牌意识薄弱，品牌定位不清晰；第二，政府监管机制不成熟，农业生产组织化程度低；第三，基础设施差，优质人才稀缺。

一　品牌意识薄弱，品牌定位不明晰

就从事农产品的生产经营主体而言，贵州地区以农民自主生产经营为主，而且普遍受教育程度不高，对于农产品的种植也并未以提高经济效益为主要目标，更多的是保证自给自足。因此，虽然贵州省的农产品具有质量好，纯天然无污染的优势，但是由于难以实现规模化和集约化生产，农户缺乏建立农业品牌的意识，因而推动农业产业朝着品牌化的方向发展非常困难。此外，贵州省大部分农产品品牌定位不清晰，农户或企业挖掘不出所种植农产品的独有特性以及生产价值，故无法着手农产品品牌塑造。另外，因为消费者在购买农产品时更多地关注品种以及地域，导致供应商在产品销售过程中会无意识地忽略品牌建设（黄彬和王馨，2019）。例如，通过对贵州都匀的实地调研，田俊华（2012）发现大约70%的香菇供应商并不了解香菇的功能特性和优势，更不用说产品的品牌建设。郑琼娥等

（2018）也发现大多数农户或农业合作社种植农产品的主要目的是保证自身自给自足以及额外的一些经济收入，不会考虑到长远的农产品品牌建设和发展。很多农产品供应商对于自己售卖的产品特性了解得少之又少，由此，贵州省的绿色农产品对外输出基本上是以原产地优势而非品牌优势打入市场。

贵州省对现有的、具有一定知名度的特色农产品品牌缺乏宣传。虽然贵州现有国家地理标志产品已经突破100个，但其知名度仅限在省内及周边地区，在国内外市场上知名度不高。由于农产品的生产经营主体大多是散户的农民，与有组织和规模化生产的合作社相比，在种植过程和销售方式等方面都有一定的区别。对于个体农户来说，整体的品牌意识非常薄弱，只关心眼前的利益，也就是自己种出的农作物是否能卖出去，是否能够卖个好价钱。很少有人能关注品牌带来的持久收益，以及品牌化建设后带来的溢出效益。在农产品同质化严重，同类产品可替代选择较多的情况下，即使有极少部分企业或农户能够抓住品牌建设的优势，但由于在品牌管理的过程中缺乏品牌保护相关的法律知识，也极其容易面临同类商家"搭便车"的难题，这在一定程度上会挫伤农户创建绿色品牌的积极性，同时降低原有品牌给农户带来的收益。

二 品牌监管机制匮乏，组织化生产程度低

贵州省在进行农产品品牌塑造的过程中"搭便车"现象严重，很多不具备生产资质的涉农企业借着贵州省地理标志认证的原产地效应，采取一系列机会主义行为，其中最具典型的就是"搭便车"行为。"搭便车"现象存在的

主要原因有两个：第一，农业生产组织化程度低。贵州农村普遍是单一农户分散经营，单位种植面积小，规模化程度低，机械化生产水平不高，产品质量有好有坏，而且合作社、公司、农户等各自为营，只为谋取自身利益，相互杀价，以次充好，扰乱农产品市场，破坏贵州省优质地理标志认证。第二，政府监管机制不成熟，监管过程不规范是"搭便车"现象盛行的一个重要外部因素。主要表现为政府与企业和协会之间的关系协调不明确，责任划分不明确，管理约束力度不够，利益划分不明确所造成的短期利益冲突，对农民的生产和经营活动难以进行有效的直接管理。

此外，产生机会主义行为的两个重要原因是生产技术的离身性和信息的不对称性。罗建利（2018）通过实证检验发现技术的离身性具有较大的溢出率，所谓技术的离身性是指企业通过试验示范，其他成员很容易学会并且采纳。由于茶叶的生产过程并不复杂，容易模仿，且供需两端存在信息不对称的弊端，消费者很难辨别茶叶质量的好坏以及茶叶的真伪，导致诸多不法商家有机可乘。

三 基础设施差，优质人才稀缺

贵州省农产品的电商服务体系不完善的主要原因是基础设施差，优质人才短缺，而健全电商服务体系需要全方位的支撑，才能真正打通生产和销售的连通链条。基础设施方面，贵州各个村落以山为界，分布较为分散，优质绿色农产品主要产自县乡，但由于大部分地区受到地形条件的影响，生产性、生活性、人文性、流通性等基础设施较差。由此带来的问题主要有以下几点：第一，贵州山地面积较广，道路设施建设成本高、投入大、困难多，再加上乡镇缺少合理的规划布局，实现交通道路网还有很长的路要走。这无疑是对来自县乡优质的农产品如何通过物流的方式走出大山带来了巨大的难题。第二，生活性基础设施不完善，互联网在贵州的农村地区尚未全面普及，网络速度比较慢，而且上网要付出更高的成本。特别是在贫困偏远的农村地区，村民主要依靠手机上网，电脑还未在农村得到普遍的应用，而会利用电脑上网查询农业相关信息的农民更少，农民与外界的沟通受到信息不对称的影响，很难了解市场的现状和消费者的真实需求。信息基础设施也是电子商务服务体系的重要依靠，信息基础设施的不完善无疑是电商发展的阻碍，导致农村跨境电商运营困难。

另外，健全电商服务体系，也就是要打造集"生产—配送—销售—反馈—监督"于一体的全流程服务体系，且人才是电商服务体系发展的前提。农产品跨境电商与一般的电子商务存在一定的区别，必须具备融资、信息传递、农业指导与推广、供应链等配套支撑，需要农村、政府、企业等各部门协作，涉及生产、营销、物流等环节的系统工程。因此，发展农产品跨境电子商务，需要大量优质的专业人才，熟知现代化农产品知识、掌握网络信息技术和熟悉电商运作流程。然而，贵州省农村地区留守的村民文化层次不高，互联网知识薄弱，仅停留在简单上网的层面；对农村电子商务将互联网与农产品销售相结合的认识和应用不够深入，对农产品电商运营的内在机制不精通；农户参与农产品电子商务的意识淡薄。这就导致大量优质农产品很难通过网络走出大山、走出国门，打开国内外市场，使农户很难体会到互联网带来的营销便利和切实收益。另外，农村地区培养农产品电子商务人才条件差，受到农村的社会、经济、文化、环境等因素限制，在一定程度上会动摇那些能够熟练操作运营电子商务的青年人才回馈农村的意愿。虽然有些地区会组织开展电商培训活动，但培训内容大部分都只是粗浅地讲解关于电商服务发展的基本知识，并未涉及农产品生产、包装、品牌、销售、物流、售后等整个电商运营流程中更深入的内容，导致培训效果大打折扣。

第六章 跨境电商中贵州省绿色农产品原产地品牌传播现状、问题及原因

第一节 引言

品牌传播是品牌塑造与产品推广的必由之路，是企业营销的不二法则。品牌传播主要借助多样化的营销手段、丰富的传播媒介来增强产品在目标市场上的知名度和忠诚度。成功的品牌传播能帮助产品获得竞争优势，获得更多市场份额。当前，贵州省省政府聚焦"十二大"特色农业产业，以农带富，挖掘贵州优质绿色农产品的潜在附加价值，充分利用贵州农产品的绿色优质属性，打造"绿色贵州"的公共区域品牌形象。本章就贵州绿色农产品跨境电商中原产地形象品牌传播现状、品牌传播存在问题以及相关原因进行总结梳理，力求为贵州省农产品品牌塑造以及

传播提供一定的研究基础。

第二节　跨境电商中贵州省绿色农产品原产地品牌传播现状

一　原产地品牌传播方式多样

品牌即信誉、品牌即市场、品牌即效益。因此，在助力"黔货"出山的过程中，政府需要联合企业大力做好品牌推介，提升贵州农产品品牌美誉度，扩大贵州农产品品牌的辐射范围。同时，企业需要依托各种宣传手段和宣传方式，强化企业品牌形象，拓宽品牌辐射范围。

首先，企业需要基于传统的传播方式，利用广告进行品牌传播，提升品牌知名度。广告是最有效的大众传播活动之一，其主要凭借电视、杂志、海报、互联网等媒介进行品牌传播，从而在消费者心中留下产品的初步印象，继而借助优质的产品直达个体的消费痛点，使消费者感到物有所值，最终发展成为忠实顾客。同时，利用"政府+龙头企业""政府+农户"的模式大力进行品牌推广，帮助企业在贵州省相关电视台进行广告投放，并给予费用减免政策，鼓励企业进行广告投放，同时开放各大景区、各个公交站点等人流停留较为密集的公共场所的广告位，实现全媒体、全方位、多层次、宽领域的宣传推介。实践证明，上述广告措施推动了贵州省的品牌传播建设，将一批有特色的品牌成功打入省外甚至国外市场。以贵州著名茶叶品牌"都匀毛尖"为例，都匀市政府开创都匀毛尖文化节，为推介茶叶主动造势，吸引人气。由于该茶叶入选巴拿马万国博览会，市政府还在茶文化节期间别具匠心地举办了庆祝典礼。为让都匀毛尖在国际市场占有一席之地，黔南州政府和都匀市政府制定目标，期望在第42届米兰世界博览会上崭露头角。此外，在贵广高铁开通之际，都匀市成功拿下了该动车组的冠名权和广告发布权。在"都匀毛尖号"的动车上，乘客可以欣赏黔南高原上千山一碧、翠色欲滴的原生态茶园美景，还可以在车上品尝到原汁原味、沁人沁脾的绿色茶品。在"都匀毛尖号"动车运行后，贵阳龙洞堡国际机场的都匀毛尖茶广告也接踵而至，其主题口号"云端茶海相约都匀"给旅客朋友留下了深刻印象。借助交通枢纽宣传贵州品牌，扩大地区品牌影响力，将有力地促进茶产业的招商、旅游及茶叶销售等，进一步提升中国毛尖茶都——都匀的城市形象和城市魅力。

其次，贵州省政府带头支持品牌的集中推介。近年来，在贵州省政府的领导下，贵州省成功举办了"中国·贵阳国际特色农产品交易会""中国·遵义国际辣椒博览会"，极大程度上提升了贵州农产品的知名度。同时，政府号召农产品企业参与"全球电商减贫大会"等极具影响力的国际活动。此外，贵州省农产品龙头企业还积极参加全国甚至国际性的农产品展会，前往北京、上海等主要一线城市以及对口帮扶贵州省的城市开展推介，贵州省政府通过举办农产品万人交流会、参加农博会等方式积极与外界沟通。从贵州铜仁地区茶品牌推介来看，2016年市政府牵头组织龙头企业在苏州建立铜仁农产品体验中心，并与苏州当地的食品公司建立深度合作，实现了跨区、跨省的联动，让

第六章
跨境电商中贵州省绿色农产品原产地品牌传播现状、问题及原因

东部的消费者能亲身感受到贵州铜仁农产品的品质。为了扩大宣传面,同年政府还举办了"2016中国·武陵山区(铜仁)第五届农产品交易会"。与此同时,铜仁市政府还组织当地茶叶企业在国内多地举办茶事活动,为当地的优质茶叶品牌创造了良好的交流环境,一定程度上提升了品牌效应。例如,在西宁对"梵净山茶"的宣传,打开了西部地区市场;不仅如此,相关部门还在北京玉渊潭公园等地开展了万人"品黔茶"的活动,邀请消费者、游客等免费品茗贵州茶;并组织龙头企业参加贵阳农交会、贵阳年货节等活动,除了线下活动,政府还积极牵头、带领企业开展线上推介活动,例如铜仁市商务局与当地企业农产品企业共同举办线上的农产品"年货节",将市场拓展到全国各地。

二 原产地品牌传播效果显著

长期以来,贵州省经济发展一直掣肘于独特山地高原地形,山高路远,交通不便,基础公共设施建设较差,导致贵州省经济发展一直较为落后,成为国家扶贫的重点地区之一。但也正由于这样的地域特点,贵州省的农产品品质更优于其他地区的农产品品质。随着人民生活水平的提高,人民的消费意愿不再仅仅局限于吃饱,而慢慢转化为"吃好、吃得健康"。在我国,"吃"一共经历了三个阶段:第一阶段,即中华人民共和国成立初期,新旧交替,百废待举,人民生活贫困,食不果腹,因此,"吃饱饭""不饿肚子"是这一时期国人最大的期望和目标;第二阶段,即改革开放初期,经济发展迅速,人民的消费结构明显升级,缺衣少食的现象鲜有发生,此阶段人们更加关注"吃好"

的问题；第三阶段，即科学饮食阶段，人们注重自身健康问题，科学的、绿色的、健康的饮食逐渐成为主流。

显然，现阶段"吃得健康"是消费者的强烈诉求。针对此消费趋势，贵州踊跃开发本省的天然资源，积极展示绿色底色及农产品健康标签。"绿色"和"健康"是贵州农产品的两大特征，也是贵州农产品品牌不断发展前进的方向。为凸显贵州农产品绿色健康的形象，占领消费者心智，贵州省政府允许在出产的农产品包装上直接将"贵州"标识为绿色生态地域范围。例如，近年来贵州省委宣传部出台的《"宣传促消费扶贫"十大行动计划》重点围绕贵州省的十二大特色产业，将新消费与新零售相结合，以开展创意广告为基础，打通线上、线下渠道，同时实施"网红+社交平台"营销推广行动计划等，全方位覆盖贵州十二大特色优势产业，积极打造公共区域品牌，进行品牌传播，把贵州省地域劣势转变为地域优势，成功打造了一批以"贵州绿茶""生态凉都·高山珍品"为首的贵州特色区域品牌。

三 原产地品牌影响力增强

近年来，贵州省通过开展农村产业革命，因地制宜，聚焦"十二大"特色产业，致力于发展贵州山地特色农业，助推优质"黔货"走出高原，让全国各地的消费者，甚至是全球各地的广大消费者知晓贵州的优质农产品，购买贵州的绿色、原生态的农产品。在贵州省政府、农产品企业、农户等的努力下，近年来贵州省的民众收入呈上升趋势，收入逐年增加，实现脱贫并走向致富。为强化农产品品牌的宣传质量，提升农产品品牌推介的层次，贵州省政府于

第六章
跨境电商中贵州省绿色农产品原产地品牌传播现状、问题及原因

2018年出台了《关于开展质量提升行动的实施意见》。该意见提出要打造"贵州品牌传播推介平台",进一步扩大贵州名牌产品、贵州"100强品牌""黔系列"品牌等贵州自主品牌的全球知名度和世界影响力。同年11月27日,该意见正式落地。在贵州省现有的门户网站(多彩贵州网等)以及电商平台(贵州电商云等)的加持下,贵州品牌传播推介平台顺利搭建,该平台内含贵州自主品牌库、"黔系列"民族品牌库以及贵州100强品牌库,是融合品牌信息、营销展示、项目合作、新闻媒体于一体的、多功能的品牌传播平台。贵州品牌传播推介平台主要面向当地的制造业、服务业、环境保护等领域的公司以及贵州农副食品产业,并在酒类、蔬菜类、茶类、天然饮用水类等多个品类中,选举出最能代表贵州形象、贵州特色的100个品牌组"贵州100强品牌",向国内市场和海外市场推介。

第三节 跨境电商中贵州省绿色农产品原产地品牌传播问题

近几年来,贵州省政府依托贵州独特地理区位,以"政府+龙头企业+农户"的模式大力发展特色农业,积极实施品牌塑造计划,强力推进品牌传播,积极对外推广贵州品牌,打造贵州绿色农产品名片,从而展现贵州力量、贵州生机和贵州模式。在各省市政府联合企业和农户的不懈努力下,品牌建设如火如荼。然而,即使贵州出产农产品质量好、绿色健康无污染,营养价值高,但由于贵州品

牌建设起步较晚,在进行品牌传播的过程中也出现了较多的问题,导致贵州优质农产品很难被外界熟知,原产地效应无法充分发挥作用。本章针对贵州省绿色农产品品牌传播发展现状,结合贵州省农产品市场品牌传播实际,总结出贵州省农产品品牌在传播中存在的问题。

一　传播资源分散,品牌内涵薄弱

贵州省立足于特色地形优势,多次对农产品品牌建设相关工作做出了重要指示,加大"三品一标"认证力度。经数据统计,截至2018年7月,全省"三品一标"地理认证登记数高达4160个(中国质量新闻网,2018);2021年,贵州省有4个农产品种植基地入选第一批全国种植业"三品一标"基地(人民咨询,2022)。绿色农产品品牌认证数量基数大,但由于品牌传播资源分散,知名度较高品牌较为稀少,品牌内涵较为薄弱。从政府、企业、生产农户三方进行品牌传播实践来看,各个传播主体之间协调不清,无法实现相互联动,碎片化的传播环境使大众接收的信息也逐渐碎片化,导致品牌传播质量下降。

第一,从政府层面来看,需要立足于整个贵州省的农产品品牌发展情况,做出统筹规划,在农产品源头下足功夫,对生产加工企业、农户实施大额补贴,大力支持生产端改善生产环境,提升生产技术,致力于提高农产品质量和产出。虽然产品质量是品牌塑造的基础,但是信息传播端也是尤为重要的一个环节。"酒香还怕巷子深",优质的农产品如果没有足够的宣传推介,外界也是无法熟知的,而目前政府在品牌传播端的支持力度还有所欠缺,没有给予足够的重视。同时,由于中小企业受到资金、

第六章
跨境电商中贵州省绿色农产品原产地品牌传播现状、问题及原因

人力等外部客观因素的限制，无法达到官方所期待的标准，导致贵州农产品品牌数量大，但知名品牌却很少的怪异现象。

第二，从企业层面看，一方面，各大企业的实力参差不齐，中小企业实力相对较弱，因此所得到的政策扶持力度相对较低，造成了很多小微企业心有余而力不足，只能维持现状，无法再进一步发展。另一方面，中小企业忽视品牌传播策划，宣传方式落后，加之缺少实地调研，使产品宣传没有针对性，最终导致品牌知名度不高，无法提升企业品牌形象，品牌发展不畅。

第三，从生产层面看，由于大多数农户对农产品的种植主要依靠传统种植经验，并且由于文化知识有限，对于产品推广缺乏思路，缺乏对产品塑造、品牌传播的规范操作认知，造成了农产品品牌附加价值低，难以将生态优势转化为经济优势。

二 传播手段传统，传播内容老旧

贵州省品牌塑造起步时间较晚，品牌投入初期依旧延续传统的传播手段，即以广告和举行农博会等形式进行品牌传播。传统传播手段受众面窄，大部分还是集中在贵州省内，省外以及国外的溢出率较低。通过分析可知，许多农产品生产加工企业过分注重产品销售而忽略了品牌建设，并且由于缺乏系统的营销理论知识，农产品企业的品牌塑造内容单薄，产品广告设计不够清晰，内容不具备差异性，难以吸引消费者的眼球。

中小型企业由于自身资本以及人力资源的限制，目前所采用的传播手段较为传统，主要还是通过电视、广播、

商业宣传栏等媒介投放广告。这类宣传方式虽宣传面广，但不具备针对性，受众群体不清晰，因此宣传性价比较低。相对有效的方式是响应政府号召，积极参加各种大中型农博会，如"中国·贵阳国际特色农产品交易会"等国际知名农博会。农产品企业通过与同行相互交流经验，互换信息，从而扩大自身产品的影响力。以修文猕猴桃为例，该农产品品牌传播手段多在传统媒体上介绍企业和产品的基本信息，如在农交会推广，或在新闻、报纸上发布广告，或采用统一包装箱等。显然，这样"广撒网"的传播方式不仅无法完整地表达品牌内涵，让潜在消费者了解修文猕猴桃，而且对树立品牌形象毫无帮助。因此，企业在进行品牌传播时要注意满足两大基本的要求：广告的精准投放和与消费者的相互沟通。只有满足了这两点要求，才能提升品牌传播效率。另外，农产品企业可以引入新媒体、AI以及其他新兴传播手段进行品牌传播，精确细分消费者需求，对于存在不同需求的消费者进行精准投放广告，保证售后服务的畅通，及时观察消费者的产品使用反映，收集消费者购后信息，以此实现品牌传播的高效率、好效果。

　　贵州省在品牌传播过程中，不仅是传播手段较为单一、传统，同时传播内容也较为老旧，内容过于单调，缺乏吸引力。首先体现在品牌形象上，品牌形象的构成要素包括品牌名称、标志以及包装。品牌名称是消费者接触品牌时产生的第一印象，根据首因效应，人们通常会根据第一印象确定对某事物的偏好，继而主动了解产品特性。品牌名称蕴含着品牌精神，一个响亮的品牌名称有助于品牌形象的塑造。而品牌标志则是指那些容易被消费者识别并易于记忆的符号、图案等。品牌包装予以消费者视觉冲击，能在最终消费决策过程中吸引、打动消费者，是促使其做出购买决定的重要因素之一。产品包装的力量不容小觑，不同包装风格的同质产品可能会在消费者心中留下截然不同的品牌印象。

同时，贵州省的品牌传播还存在着品牌内容 IP 设定不明确、不新颖的现象。一个成功的品牌 IP 不仅可以提升话题讨论度，对品牌的传播也具有重要的推动作用。例如，圈粉无数的"猪小花"是网易"云养猪"的 IP 人物。公开的、免费的养猪课程不仅向广大受众提供了学习借鉴的机会，而且有助于帮助农民发家致富，带动整个产业的提升。这种农产品与互联网的结合方式无疑是标新立异、别出心裁的。此外，网易"云养猪"的实践还有助于解决困扰消费者已久的食品安全问题，即通过网络，猪肉的生产过程和来源实现透明化，消费者可以追溯猪肉生产过程的每一个环节。这些都是贵州农产品生产加工企业在品牌传播中所欠缺的，后期需要在这方面加强相关基础建设，从而实现高效率的品牌传播，打造贵州农产品品牌影响力。

第四节 跨境电商中贵州省绿色农产品原产地品牌传播存在问题的原因

贵州省农产品涉农企业积极响应政府号召，协同打造"绿色贵州"公共区域品牌，充分发挥原产地优势，把生态优势转化为经济优势,以农带富,跟随现代消费潮流,把质优价美的绿色农产品从大山深处搬进电脑,入驻各大电商平台,实现真正的"黔货"出山,面向全国,走向世界。但是由于贵州各大主体进行品牌建设起步时间晚,各个环节仍在摸索中前进,发展方式还较为粗放,在品牌传播的过程中也存在诸多问题。上文通过对品牌传播过程中存在的问题进行了系统的总结,发现造成问题的原因不一,包括信息交流不畅、企业营销人才缺乏、农户文化水平低、机会主义行为存在等。本书在实地调研的基础上,拟对上述原因进行深入分析,为贵州省农产品品牌传播提供借鉴经验。

一 信息交流不畅

"知己知彼,百战不殆。"信息是一切行动的基础。贵州省在塑造贵州绿色农产品品牌的过程中,各大主体之间的信息交流必不可少。信息缺失将会导致政府缺位,很难根据事实提供政策保护、政策支持;政企信息错位,企业无法落实相关政策文件,无法享受到政策红利;企业间缺少信息交流,导致恶性竞争,不仅损害了个体利益,也严重损害了行业的整体形象,从而导致区域品牌建设进度较慢。

首先,政府与市场之间信息流通不畅。贵州省政府出台一系列关于推进贵州省绿色农产品品牌塑造的相关政策文件,目的是打造贵州省地区特色的绿色农产品品牌,为农产品的品牌塑造和传播提供政策支持。然而,由于信息交流不对称,政府一线工作人员经验不足,如缺乏对品牌建设的专业知识和开展实地调研的经验等,这导致出台的文件无法适应不同层次企业的发展，很多企业由于自身资源有限，如人力资本、生产成本的限制，硬件设施跟不上政府要求等，自然造成了企业发展跟不上政府发展的局面；再者，政府的文件传达渠道不全面，很多中小型企业无法获得相关政策的支持，也无法享受到相关的红利。

其次，企业间缺乏信息共享。同行业市场上，企业各自为政，步调不一，企业间不是竞争中合作的关系，而是竞争中互贬的关系。实际上，企业合作本质是一种互利互助的关系，换言之，是建立共同目标，通力合作，实现共赢（林舒进等，2018）。在企业合作中，信息共享是关键，高效且通畅的信息共享能提高彼此之间的信任度，增强彼此的凝聚力，实现一定程度的创新，进而提升企业间的合作默契度与亲密度（杨红，2019）。因此，在区域品牌的塑造与传播过程中，需要以贵州绿色农产品品牌传播为主线，在设计产品传播内容和选择产品传播手段时，除了需要凸显自身产品的优势之外，还要兼顾公共区域品牌的建设，向外界传达贵州农产品的"绿色"产品形象。

二 农户品牌塑造意识薄弱

在进行品牌传播的过程中，仅仅依靠政府的推动是不够的，还需要各大主体一起营造一个好的传播环境。其中，生产农户也在其中扮演着一个重要的角色。然而目前大部分生产农户的文化水平较低，知识素养不够，在进行农产品生产时不注重品牌效益，也没有多余精力去学习新思想、新技术，因此，造成品牌传播效果差。

农户依靠传统的种植经验能够产出优质的绿色农产品，但是却缺乏良好的营销手段，农户想的更多是如何提升农产品销售量，而不会考虑建立品牌，进行品牌传播。即使政府给予了相应的政策支持，帮助农户建立电商平台，但是在实际操作中，还是会有各种各样的问题出现，比如上传照片不清晰、在平台发布的产品属性描述不清、产品特点不突出、包装不严实，在运输过程中产品损坏率高等情况。另外，大部分农户由于缺乏完善的知识体系，无法分析市场消费环境的变化以及如何满足消费者的实际需求。

三 企业缺乏专业营销人员

农产品加工企业缺乏优质营销人才，这也是造成目前贵州省农产品市场品牌传播手段传统、传播内容老套的重要原因。营销人才是企业进行品牌传播的一个重要因素，贵州省在进行农产品品牌传播过程中存在传播手段传统、传播内容老套的问题，这些问题的根本原因即是营销人才的缺乏。企业需要优秀的营销人员进行传播策划，开发新的传播手段，结合企业自身特点、产品的独特优势以及新媒体开展口碑营销等，塑造良好的企业品牌IP形象，加强消费者对本企业的产品感知，促进消费者产品忠诚。营销人员还应该结合时代特征，迎合消费者的心理需求，找寻产品传播文案与消费者的心理共鸣。只有迎合了消费者的心理潜在需要，品牌传播才有效果、有深度。

第七章

跨境电商中绿色农产品原产地形象提升路径研究

第一节 引言

党的二十大报告中指出，全面建设社会主义现代化国家，最艰巨最繁重的任务仍然在农村。加快建设农业强国，就必须要发展乡村特色产业。在实现脱贫攻坚与乡村振兴有效衔接的过程中，推动绿色农产品营销是贵州产业振兴的重要任务。由于享有知名度的贵州绿色农产品品牌数量较少，因此，需要从绿色品牌原产地形象的提升入手，着手打造"贵州绿色农产品"区域品牌。2017 年贵州省就已提出打造"贵州绿色农产品"品牌的口号，但在打造过程中仍存在诸如品牌延伸不足、品牌营销水平低、滥用地理标志品牌等问题（徐大佑和郭亚慧，2018），无疑损害了省内绿色农产品原产地的形象。例如，贵州省著名的茶叶品牌都匀毛尖，位居中国十大名茶之一，但是部分商家用旧茶代替新茶，以周边地区生产的毛尖茶冒充都匀毛尖，甚至用外地"大白茶"冒充毛尖茶，以次充好欺骗消费者，严重损害了都匀毛尖茶的原产地形象。

　　随着经济全球化推进了世界市场的发展，局限于单一国内市场的营销战略逐渐被打破，越来越多的企业参与到国际竞争中来。贵州省绿色农产品产业也须加入世界市场的竞争中来，提升贵州绿色农产品在海外市场的美誉度。产品美誉度和原产地形象存在着一定的联系，原产地形象（Country Image，CI）是指最终消费者对产品以及所包含的服务的原产属地在脑海中形成的印象记忆和总体认知。消费者对某一地区形成的总体性认知会影响到对该地相关产品或品牌的评价，并影响消费者的最终行为（田圣炳和陈启杰，2004）。具有良好原产地形象的绿色农产品具有先发优势，容易获得国际消费者的信任。一方面，消费者的产品认知会被互联网深化，负面新闻对产地形象的破坏性加大，导致旧有的原产地形象被淡化；另一方面，国际市场的全方位竞争、消费者对绿色农产品的品质要求和电子商务的交易模式都在警示着原产地形象在绿色农产品跨境电商中的重要性。因此，贵州省绿色农产品通过跨境电商渠道走向世界市场的过程中，如何提升原产地形象就显得尤为重要。贵州省绿色农产品原产地形象提升需要以优良的产品使用价值为基础，在加大产地宣传力度的同时，通过统一认证、品牌打造等推进绿色农产品产业建设，并将原产地形象与地域优良的传统文化相结合。此外，原产地形象的提升需要群策群力，政府机关和行业协会也需要发挥各自职责。

第二节　绿色农产品原产地形象提升的机遇

一　互联网和全球化生产淡化旧有原产地形象

（一）旧有原产地形象变得不再稳定

在第三次科技革命的影响下，原产地形象与消费者对产品的认知不再是单向的，消费者可以利用互联网获取更多的产品信息，原产地形象的社会影响也不再趋于稳定。良好的原产地形象能够为该产品带来优势，产品也体现着原产地的优势（李东等，2015）。反之亦然，一旦某产地产品爆发丑闻则会极大地冲击原产地形象。例如，巴西是世界主要的牛肉生产国，2016年牛肉出口量世界第一。但是由于2017年爆发的生产销售劣质肉的丑闻，国外客户取消了大量的肉类订单，导致货物禁止登陆，肉类价格下降。这种负面影响甚至拓展到了谷物等其他农业领域，严重侵害了巴西的原产地形象。

（二）消费者对旧有原产地形象的依赖变弱

目前，不仅电子商务平台可以提供更加完备的产品信息，消费者还可以通过网页寻找产品信息，并在社交论坛中与其他消费者进行交流，不断更新消费者对旧有原产地的形象认知。消费者从被动的产品知识接收者变为主动搜寻者，丰富的产品知识使得消费者更加务实，他们不仅关注原产国的技术水平，对产品实际性能的关注也愈加明显。消费者更关心的是产品是否能够提供价值以及是否能够满足个体需求。此外，随着产品的精细化加工生产和异地组装,产品的原产地也变得模糊不清,消费者很难确定其真实的原产地位置。例如,苹果手机由美国设计,中国组装,配件生产来自世界各地,因此很难说它的产地到底是哪里。但是农产品的不同之处就在于,它本身与原产地联系较为紧密(张耘堂和李东,2016),新的原产地形象就为贵州省绿色农产品品牌提供了走向国际市场的契机。

二 国际市场的全方位竞争需要把握原产地形象

更加开放的市场体现在竞争的范围扩展和内涵的延伸,国内市场的竞争优势(质量、售后服务等)在国际市场上依然能发挥效用。然而,在空间更广的竞争市场中,那些在国内竞争市场中不值一提的外在因素却变得突出,如原产地形象。由于大多数消费者在购买进口产品时都会留意原产地信息,这时就会调动头脑中既有的对产品原产地的看法,这种看法是对产品印象的真实反映。因而,原产地形象是影响消费者产品评价的一个重要且不容忽视的因素,同时还会与其他的因素一起产生影响(吴坚和符国群,2000)。

新时代,人们的生活节奏不再像从前那样缓慢,在获取产品信息时需要投入大量的成本,消费者利用某些外在线索形成产品的认知质量趋势也越来越明显。认知质量是消费者的主观理解,是对产品实用性、功能性以及适用性与最终的使用目的相匹配程度的整体反映。一般认为,认知质量是在质量的基础上产生的,但二者并不等同,因为认知质量是主观的,融合了消费者的知识、体验等。对于海外消费者来说原产地形象就是一个重要的外在线索,会影响他们的产品购买决策;对生产商来说,原产地形象可以促进其产品认知质量的形成。但值得注意的是，消费者耳熟能详的农产品原产地屈指可数，而针对其中某一类农产品的知名原产地的了解更是寥寥无几，这种情况在绿色农产品发展中显得更加突出。即使那些产品质量较好但知名度不高的原产地品牌，打入市场的核心位置也是一个长期且艰难的过程。因此，谁先树立起良好的原产地形象，谁就可以把握市场先机，迅速在国际市场上站稳脚跟。

三 绿色农产品的特殊性要求关注原产地形象

绿色农产品的地域性特征非常明显，特别是当产品质量有赖于生产地的特定地理条件和特有的自然资源时，原产地效应就不容忽视。绿色农产品在一般农产品特征的基础上，还带有生态环保、绿色健康、品质安全等质量特征。一般来说，消费者感知到原产地具有生产某产品的良好专属优势时，就会对该产地的产品形成积极态度。但是中国制造的"低价、劣质"标签严重影响了中国的原产地形象，进而对消费者的认知及价值感知产生不良影响。绿色农产品，不同于一般的"中国制造"，消费者通常认为来源国优越的自然环境会导致食品的特定品质（Koert et al., 2003）。自然层面因素主要指目标国家拥有合适的自然条件生产某种产品，这些自然条件对天然食品或某些产品原材料的质量有较大影响，体现在大气、土壤、气候等具体"指标"上（朱战国和李子键，2017a）。贵州地区位于我国西南腹地的云贵高原上，充足的日照为农产品的生长带来了优势；高大的山脉阻隔了西伯利亚冷空气的侵入，来自太平洋的季风带来了丰沛的降水，温暖湿润的气候利于绿色农产品的生长。同时，由于贵州地区开发时间较晚，人类对环境的破坏有限，优越的生态环境使贵州的绿色农产品具有较高的品质。这为贵州绿色农产品原产地形象的提升，奠定了坚实的基础。

四 跨境电商的交易模式需要提升原产地形象

电子商务为帮助农产品推广其自身特色提供了快速便捷的通道。但是跨境电商的消费者对来自异国的绿色农产品难免陌生，因此，仅仅依靠少量的信息很难对产品做出客观的评价。一般来说，消费者利用内在线索评估产品的前提是已经掌握了充足的产品信息，依靠外在线索评估产品一般发生在消费者所拥有的产品信息不充分的条件下（吴坚和符国群，2000）。在 Maheswaran 和 Durairaj（1994）的研究中也得出一致的结论，他们从消费者对产品的熟悉程度的角度对消费者的角色进行分类，大体呈现两种类型：一类充当专家角色，另一类是菜鸟级别的消费者。充当专家角色的消费者在评价产品时，通常使用产品本身附带的品质指标；而菜鸟级别的消费者则倾向于依赖原产地信息来评价产品。来源国形象在消费者评价产品的过程中发挥着重要作用，因为它被当作推断产品属性相关信息的重要线索之一（朱战国和李子键，2017a；2017b）。此外，在跨境电商的交易模式下，消费者一般会利用电商平台的检索功能搜寻商品。在网络信息的检索过程中，能够率先获得一定优势的一般是那些已经拥有较高知名度的产地，而对于那些边缘化的产地来说，其处境会沦落到更边缘的位置。因此，在绿色农产品的跨境电商交易中，不仅要考虑到产品定价、品质等一般属性，还要考虑到绿色农产品来源国形象的主观感知，因为它们都是消费者做出购买决策的重要依据。

第三节 绿色农产品原产地形象提升路径

一 贴近产品自身价值，塑造原产地形象

（一）聚焦产品使用价值，提升产品品质

由于旧有原产地形象的弱化，企业利用旧有的原产地形象为自身增光添彩变得更加困难，消费者更加关心的是产品能够给他们带来什么价值（李东等，2015）。对于绿色农产品而言，最重要的使用价值就是优良的品质。打造良好的农产品原产地形象的前提是提升产品质量，改善消费者感知价值体验，并持续加深品牌信任的良性循环（何建民等，2018）。

（二）加强制度规范，改善市场体验价值

一般来说，生产农户都具有"生产逐利"和"损失厌恶"的"小农意识"，难免出现失责行为，而我国食品安全法的贯彻力度十分有限，导致"不安全生产"行为的曝光率较低。政府要通过政策法规来引导不规范市场行为，才能不断提升我国的整体形象。第一，品牌爆出负面新闻后，消费者对原产地的制度监管信服度会影响后续的消费导向。故政府要通过法律或制度来加强对企业的监管，在监管的过程中，应做到公平公正，使违反制度的企业受到应有的处罚，使构成犯罪的企业负刑事责任（王新刚等，2017）。第二，单单利用颁布的法律进行约束或者依靠政策进行引导防范往往是不够的，还应在农产品质量安全检测上加大监管力度，适当扩大农产品的抽样检测范围，调整检测频率，一旦发现违法违规生产的不当行为，应立即采取惩罚措施（程杰贤和郑少锋，2018）。第三，参照农产品国际标准进一步制定和完善我国绿色农产品标准，既要与国际接轨，又要包括国家、地方、行业等权威的标准，涵盖从生产到销售全过程指标体系，使每个环节都做到有参照标准和规范依据。第四，政府部门颁布的监管政策不是摆设，应该在主要从事绿色农产品生产的市县等地进行宣传推广，同时对违反政策法规的处理结果进行公示，让农户以此为戒，引导农户树立农产品安全生产理念，自觉主动遵守绿色农产品生产规范（李太平和祝文峰，2017）。

（三）提供生产支持，培育绿色增值价值

要加强对农民的技术培训。农户缺乏绿色食品的生产技能是一个普遍的问题，基层政府要将农业技术培训纳入工作内容，增加培训内容的深度和广度，以提高农户生产水平和效率。第一，在考虑农户在经营规模、受教育水平等方面的基础上，对需要培训的农户进行分流，有针对性地采取不同的培训策略（郑阳阳和罗建利，2020）。第二，要注意提高农户参与培训的意愿，在村或乡镇对培训成果丰硕的典型农户案例进行宣传和展示，让其他农户可以直观地感受到培训的效益，从而调动人们参与培训的积极性。第三，村干部要对农村绿色生产扩大种植面积，发挥干部的带动作用，组织村小组会议，并且创新培训形式，在合作社的生产改进实践中融入培训内容，使农民真切体会到增进的效用（熊雪等，2017）。

转变政府补贴方式。为了发挥农业补贴的正向作用，应将补贴向绿色农业生产方向倾斜，农药、地膜等对环境造成污染的农业用品补贴适当降低（石志恒等，2019）。发展绿色农业离不开技术的投入和专业人员的指导，政府的农业补贴政策要扩展绿色农业技术的实施范围以及涵盖多样的技术类型，并且适当放宽对重要农产品生产地域的补贴额度。此外，要对绿色农业技术补贴对象有所侧重，加大对种植户的扶持力度，以解决获益难的问题（毛慧和曹光乔，2020）。

二 打破原有形象偏见，宣传原产地形象

（一）加大绿色农产品宣传力度

原产地形象主要体现为该地域范围内各企业的集体行为，正面积极向上的原产地形象是后续品牌塑造和宣传的重要契机。目前，国际市场上存在"中国制造"低劣、低质的认知。虽然中国部分农产品（茶叶、丝绸等）在世界各国广受欢迎，但绿色农产品仍然难以摆脱"中国制造"的阴影。此外，中国绿色农产品的国际知名度明显不足，高品质的产品也陷入"酒香也怕巷子深"的困局。这就需要加大绿色农产品的宣传力度，加快转变以贵州省为代表的国内绿色农产品原产地形象。

（二）拓宽国家形象宣传渠道

统筹发挥职能部门和主流媒体的作用，在推广国家形象方面达成一致，逐步构建多维度、多层次、立体化的国家形象宣传体系。利用国内媒体宣传中国形象时，还要加强与国外媒体的合作，提高中国在国外媒体的话语权（孙吉胜，2016），在发出中国声音的同时减少国外媒体对中国的偏颇报道，树立良好的中国形象。抓住国内外旅游市场

的契机,扩大免签范围,降低准入门槛;借助海外华人、华裔的中介链条,通过民间交流和跨文化交流的方式,为国外民众能够深入了解中国搭建桥梁,打破晕轮效应和偏见认知。

(三)开展以龙头企业为重点的产地宣传

强化龙头企业的带动作用和关联效应,树立"区域绿色农产品"的正面形象。消费者接触某品牌后通常会产生联想,好的品牌联想往往是积极的,若其还能带来良好的购物体验,也会提升消费者对其母国产品的整体形象感知。因此,在"绿色农产品"生产地宣传时,可强化龙头企业对其他企业或行业的辐射带动效应,对"绿色农产品"的品牌形象达到集体统一认知。此外,需要将传统的推广宣传方式与主流新媒体结合起来,拓展对龙头企业产地的宣传领域,增强渲染效果,把多彩贵州的绿色形象推向世界,为绿色发展提供强大的精神动力。

(四)利用互联网宣传的便捷优势

数字化媒体时代,人们所处的信息传播环境十分复杂,但在互联网的助力下也能够发出同一种声音。绿色农产品的宣传急需向消费者传递同一种声音,一是因为农产品本身的特殊性,二是消费者的生活越来越碎片化。在这些共同作用的驱使下,农产品原产地品牌和形象的宣传就需要整合现有的媒体资源,全方位、多渠道地推广展示,以获得最大化的宣传效果。第一,抓住国外社交网站的宣传切入点,在社交、娱乐或游戏的网站植入原产地信息,给用户带来潜移默化的影响。第二,加强与国外线上媒体的合作,寻求展示贵州绿色农产品地域形象的新渠道。在采取国际宣传策略时，要考虑各国之间的文化、风俗、宗教等差异，在充分了解国际市场环境、需求特征、自然条件等因素的基础上，结合我国出口商品的要求，制定有针对性的国际广告。

三　打造原产地品牌，辐射原产地形象

（一）打造原产地品牌

党的二十大报告强调："必须牢固树立和践行绿水青山就是金山银山的理念，站在人与自然和谐共生的高度谋划发展。"（习近平，2022）对于普通消费者来说，购买绿色农产品能够推动绿色发展，为构建人与自然和谐共生贡献自己的力量。然而，绿色农产品消费者普遍都有一种"求真"的心理。消费者在众多商品选购中，总是购买那些他们认为是正宗的商品。对于绿色农产品来说，其本身的技术含量就不高，大多数绿色农产品的生产区域覆盖面很广。因此，在品牌形象提升的过程中要通过建立原产地品牌形成市场"壁垒"。原产地品牌并不是某一企业品牌，而是一种区域性品牌，具有公共属性、外部属性以及非竞争特性这几种特征。其公共性和外部性可以助推产业集群的发展，公共性体现在只要是该产地的企业都可以使用，并不属于某一品牌独享；正外部性体现在它对这个地区内其他企业品牌发展有辐射带动作用。贵州通过打造绿色农产品原产地品牌能够吸引大批生产商、供应商、经销商以及专业技术人才到原产地区域，形成的这种集聚效应可以增加区域产业的竞争力。此外，原产地品牌作为一种区域性的品牌，也具有品牌延伸的作用。那些在竞争市场中拥有较高的知名度而且享有较高美誉度的原产地品牌，会使消费者在无形之中产生"晕轮效应"，即使对该原产地的其他产品不熟

悉，在人们的心目中也会默默提升对其的接受和好感度。

（二）原产地品牌与绿色标志、产品品牌相互补充

单一的企业生命周期相应地减少了品牌效应的维持时间。然而，原产地品牌不是某一企业特有的，它是该地区众多企业品牌的集中体现，故其品牌效应持久性和广泛性是单个品牌不能比拟的。同时，与绿色标志相比，原产地标志更加具体、形象和易于验证（靳明和周亮亮，2006）。绿色农产品的原产地品牌有助于增强该地区绿色农产品产业的影响力和可持续发展能力，是企业品牌和产品品牌以及绿色标志的有效补充。原产地品牌、绿色标志与产品品牌相互补充、相互协调，形成合力，有利于提高特定区域的绿色农产品和产业的整体竞争力。

（三）打造绿色农产品整体品牌

在国际市场上仅仅依靠单一的企业品牌提升原产地品牌形象是困难的，因此要将企业联合起来。此外，由于生产不规范或缺乏技术支持，低于行业标准的农产品进入国际市场会对整个产地形象造成危害。打造绿色农产品整体品牌需要汇集各方力量，这就要求以政府为主导，协调各企业或行业品牌，以农户参与和社会支持为支撑。例如：贵州省政府立足生态优势，为打造"贵州绿色农产品"整体品牌做谋略、献计策。一方面，提出"标准+第三方评价"的评估模式衡量产品质量以及采用"互联网+管理"的模式管控绿色农产品的库存、销售订单。另一方面，省政府制定并出台了绿色农产品评价标准和细则，构建了相应的品牌管理体系。这些都为更好地树立贵州农产品绿色、优质的形象，并将贵州省优质农产品投放到市场提供坚实

的后盾。

四 发挥各主体的作用，提升原产地形象

(一) 发挥政府的主体建设作用

仅仅通过市场的自发作用是很难培育原产地形象的。政府比其他主体在绿色农产品原产地形象建设中更加有效，主要是因为政府在培育绿色农产品原产地形象中具有以下三个方面的优势：一是组织优势，政府可以使用经济、行政、法律等手段从全局上把控和组织经济活动；二是公正优势，政府可以从整体利益出发进行资源整合，优化配置；三是信息优势，政府可以掌握经济相关的总体信息。这三大优势促使了政府可以做企业或市场办不好和完不成的事情（靳明和周亮亮，2006）。因此，绿色农产品原产地形象的建设主体只能是政府。政府要认识到国家产品形象在提升绿色农产品原产地形象的中介作用，一是不能盲目宣传，而是要有针对性地宣传国家产品形象；二是国家产品形象的塑造要抓主要矛盾，打造本国特色，并协调好企业、行业协会、监管部门的合力。此外，政府和公共管理机构要主动挑起提升原产国形象的重担，从更宏观的角度出谋划策，塑造维度更广、内涵更深、效果更强的国家形象和国家产品形象，使其成为强有力的"竞争武器"（朱战国和李子键，2017a；2017b）。

(二) 发挥绿色农产品行业协会的纽带作用

农产品行业协会是联系企业和政府、政府和农民、企业和企业的桥梁。在绿色农产品原产地形象建设过程中，要调动行业协会组织涉农企业的能力，通过举办会议共同协商市场经营、价格调整等问题，从而降低过度竞争和发

生竞争冲突的可能性，维护良好稳定的市场秩序。另外，政府引进并推广绿色农产品技术的任务也离不开行业协会的帮助，产品质量标准的形成和宣传推广更需要行业协会建言献策。在市场经济不断发展的环境下，不难看出，行业协会在绿色农产品原产地形象建设中发挥的作用越来明显，甚至有望跃升至主体地位，这在一些发达市场经济国家的原产地保护制度中可以得到借鉴。

五　利用地域传统文化，构建优质产地形象

众所周知，中国的传统文化不论是在国内还是其他国家，都深受民众的广泛关注和追捧。因此，在构建优质产地形象的过程中，要坚守中华文化的立场，提炼展示中华文明的精神标识和文化精髓，加快构建中国话语和中国叙事体系，讲好中国故事、传播好中国声音，展现可信、可爱、可敬的中国形象。在构建优质产地形象过程中，要抓住中国传统文化影响力的契机，将融合浓郁的地域文化特色产品推到国际市场，使中国文化成为中国品牌的独特优势。其中，加强国际传播能力建设，全面提升国际传播效能，最直接的方式是将原产地文化创新融入产品包装设计中，传递和展示独特的原产地形象。第一，从包装的视觉入手，在我国不同地域范围内，都存在具有当地特色的文化元素，比如服装配饰、经典标志、名人遗迹等，美学上认为它们都是特殊的视觉语言，可以结合原产地绿色农产品本身的特征，将代表性元素有选择地融入包装外观设计图中。但不容忽视的是，提取代表性的地域文化元素时也有一定的讲究，要想发挥其在品牌推广中的作用，就要选择知名度高、代表性强、典型溯源的特征元素，这样才能提高消费者对该绿色农产品的辨识度。例如：苗族文化在贵州省代代相传，可以将历史悠久且具有经典代表性的神秘苗族文化融入包装设计中。第二，在包装材质上也可以在地域文化方面做文章。产品触觉也是影响消费者选择的重要因素之一。同样，针对特色农产品包装材质的选择也要注意一个关键的问题，即不能为了特色材质包装而包装，材质选择一方面要结合具体的产品属性，另一方面要考虑包装基本的保护作用，在此基础上，再适当增加有地域特色的包装材质，才能起到画龙点睛的作用。

第八章 跨境电商中绿色农产品原产地品牌塑造策略研究

第一节 跨境电商中绿色农产品原产地品牌概述

原产地农产品想要在跨境电商中拥有一席之地，就必须在品牌塑造的过程中突出当地文化特色、人情特色、产品特色等，以加深消费者对企业品牌的印象，提高消费者对品牌的识别度。习近平总书记在党的二十大会议上强调要重视绿色优质农产品的发展。因此，在遵照党组织决策部署的基础上，结合乡村振兴背景，农产品要对标农业绿色化、优质化、特色化、品牌化，不断增加绿色优质农产品供给。

一 品牌观念

绿色农产品品牌对于产品的推广销售有着举足轻重的意义，而目前消费者偏好正由无品牌消费向名牌消费转移。一个好的品牌能够向消费者传达六层含义，即能够代表产品的特色属性，同时也是本企业产品区别于其他企业产品的标志,能够传达特定的情感,能引起消费者的共鸣,能够体现企业的核心价值观和表达对目标顾客的定位。品牌是企业核心竞争力的体现,尤其在绿色农产品行业中,品牌的重要性更是不言而喻。绿色农产品本身就与当代消费主义(绿色生态)相一致,在结合品牌运作的基础上,更容易给消费者留下深刻的印象。跨境电商平台的目标顾客群体是境外消费者,这与国内电商平台的市场定位有所区别。对于国内电商平台而言,消费者对产品的认知水平较高,因此,在购买过程中可能会选择品牌知名度低但销量高的产品。但是,在国际电商平台上,消费者对境外绿色农产品的认知较少,故需要企业建立强势的品牌来引导消费者。

二 品牌名称

美国营销大师艾·里斯在《打造品牌的22条法则》中指出,从长远发展的角度来看,名称是品牌最重要的名片。科特勒认为,品牌名称能够刺激消费者联想到产品的利益、该产品或服务的类型、具体的内容,同时还需要易读、易认和易记、独一无二、不使用有语义歧义的词语以及不用其他国家有误解的词语。在原产地绿色农产品中,一个科学的品牌名称能够让消费者客观地认识产品,因此,品牌名称需要包含产品特色、原产地名称、产品优势等。

首先,加入产品特色。绿色农产品想要在众多品牌中脱颖而出,就必须在品牌命名过程中体现产品特色,因为在品牌名称中包含产品特色能够让消费者更加直观地了解到产品。但需要注意的是,如果品牌名称过于华丽,会造成名不副实的印象,而品牌名称过于普通,则无法吸引消费者的注意力。其次，加入原产地名称。作为原产地绿色农产品，充分体现原产地的名称能够帮助消费者通过网络查询原产地的地理环境、气候状况、人文风情等，以此增加消费者对产品的兴趣，增加购买欲望。最后，加入产品优势。目前，市面上的绿色农产品质量良莠不齐，通过在品牌名称中适当地加入产品优势，能够让消费者更加直观地感受到产品的特点，从而增强购买意愿。

三 品牌标识

好的品牌标识能够第一时间吸引消费者的眼球，尤其对于绿色农产品来说，简约、创新的品牌标识更能引起消费者的注意。然而，目前市场上大量同质化的绿色品牌标识导致优质绿色农产品品牌的市场辨识度和认可度较低。就产品本身而言，同类绿色农产品之间差异并不显著，若再加上类似的品牌标识反而会让消费者产生审美疲劳。因此，在品牌设计的过程中，需要充分创新，在融入原产地文化特色和产品特色的基础上融入企业价值观。具体而言，主要包含以下步骤：

首先，企业要充分挖掘原产地文化内涵。原产地品牌不仅代表品牌特色，还蕴含着丰富的原产地文化内涵。将原产地文化内涵充分挖掘，凸显其特色，选取能够代表当地文化的图标加入品牌设计中，提升品牌标识辨识度。

其次，突出产品特色。对于绿色农产品来说，在品牌标识中凸显产品特色能够提升品牌的竞争力。目前，大多数绿色农产品品牌标识都是采用国家统一的绿色标识，不仅彰显不出产品特色还容易造成审美疲劳。而当产品特色融入标识后，能够让消费者更加直观地看到农产品特色。

再次，融入企业价值观。组织机构的商业理念和企业文化能够反映企业在市场化运作中的实际情况，让消费者对企业有初步认知，从而提升企业辨识度。

最后，需要各方专业人员参与品牌标识设计。标识设计并不仅仅是专业设计工作，还需企业营销人员的积极参与，综合考虑品牌标识对于受众的影响，从而提升产品吸引力。

四 品牌定位

跨境电商平台销售的原产地绿色农产品目标受众一般为境外消费者。主要包括两大类群体：一类是华侨消费者，另一类是其他国家消费者。在华侨消费者当中，首先有不少来自绿色农产品原产地的消费者，这部分群体对于该类绿色农产品有着特殊的情结；其次是普通华人消费者，他们身在异乡，对国家的产品有着深厚的情感；最后是其他国家的消费者，他们对跨境电商平台出售的绿色农产品充满好奇，希望能给自己带来新的口感体验。因此，对于这三大类消费者，可以利用品牌定位拉近与消费者之间的距离。

第一，满足来自产品原产地消费者的需求。某些产品的原产地消费者因为工作或学习等原因生活在国外，原产地产品寄托着他们的思乡之情。因此，对品牌进行定位时要充分考虑这部分消费者的身份、职业等因素，将品牌定位与消费者特征紧紧联系在一起，从而获取消费者的青睐。

第二，满足侨居国外的普通消费者的需求。这部分消费者相对于来自原产地的消费者来说，并没有浓厚的思乡之情，但来自国内的绿色农产品对久居国外的他们而言是有吸引力的，这时候品牌的定位就要充分考虑这部分群体的情感需求。

第三，普通国外消费者。普通国外消费者是潜在的消费者群体，这部分群体很大程度上出于对电商平台绿色农产品的好奇，希望能够从产品中找到自我满足感。因此，对于这部分群体，在品牌定位时要充分把握他们的情感，使之从潜在的消费者群体转变为老顾客、回头客。

总之，品牌定位要与消费者需求相契合，消费者需要什么样的产品，企业就将产品定位在什么层次，通过情感定位敲开消费者的心门，赋予品牌定位情感，与消费者内心情感契合，进而拉动原产地绿色农产品在跨境电商平台的销量，实现可持续发展。

五　产品质量

跨境电商平台对其销售的绿色农产品质量要求较高。为了保证产品质量，企业除了要以行业标准为核心，更要以国际标准为标杆，提高我国农产品在全球市场中的竞争力，并结合国内外环境利用大数据对本地土壤、种植环境等实时监督，产品种植时政府应给予支持，在播种、施肥环节安排专业人员进行指导，让农户掌握科学种植和养殖的方法。政府应和电商平台合作对农户产品（地域）的标准进行宣传和普及，让农户形成遵守标准、保证产品安全的意识，也要让广大消费者了解当地农产品的安全性，在全社会打造规范化农业的生态圈。首先在选种阶段，就要选取质优品种。农民要积极向相关人员请教，根据地方气候特征、地质特征，选取产量高、成本低的品种；农科院也要在农民选种阶段给予支持，在选种阶段能够走进田间地头，对地方绿色农产品种植条件进行评估，科学选种；

为出售绿色农产品种子的经销商提供培训，确保在进种、售种阶段都能够满足农户需求。其次，引进高科技技术。与普通农产品相比，绿色农产品对种植技术以及种植环境的要求更高，原因在于绿色农产品需要遵守绿色环保以及可持续发展等原则，在特定的生产加工之后经过权威机构的认定而形成的无污染优质农产品。因此，它对于技术的要求明显高于普通农产品。为了能够保证产品质量，应当引进先进技术，在绿色农产品的萌芽阶段到丰收阶段，都要秉持可持续发展原则，在技术上实施干预，确保绿色；在育种、育苗工艺上打造安全无污染的环境，运用先进技术防止虫害。

在产品运输过程中保质保量。由于绿色农产品对保质期以及新鲜度等要求较高，需要在物流运输过程中尽可能减少外部环境对绿色农产品的破坏。为了提升运输条件，第一，企业可以成立专门的冷链物流公司，为绿色农产品的运输提供有利条件；第二，政府提供支持，包括政策支持、资金支持，如为企业在建设冷链物流过程中，减少审批流程，提供小额贷款、低息贷款等。

第二节 跨境电商中绿色农产品原产地品牌塑造现状及影响因素

一 跨境电商中绿色农产品原产地品牌塑造现状

相比之下，国外发达国家的绿色农产品品牌发展早于国内。纵观国外绿色农产品品牌塑造历史，不难发现，要想塑造一个具有竞争力的企业品牌，首先需要精确地定位目标市场，在此基础上，通过增加产品包装的吸引力以及设计丰富多彩的广告来塑造品牌形象，以此增加消费者对产品的了解、认可度以及忠诚度。在品牌标识方面，由于具备了无污染和绿色环保等功能，绿色农产品标志需要涉及包括文字和图形等标识来突出产品的环保性。在色彩组合方面，主要以黑、绿、黄、红、蓝色为主，而在造型上则以文字为主，字母或抽象图形等为辅。除此之外，国外绿色农产品品牌的多样性、历史悠久性以及高市场占有率不仅为消费者提供了更丰富的消费选择，更为其在激烈的全球竞争中保持竞争优势提供了持续的动力。

习近平总书记明确指出，中国式现代化是人与自然和谐共生的现代化。如今，随着全球对绿色农产品关注度的提高，具有中国特色的农产品品牌形象较过去有了较大的提升。但总的来说，其发展还存在很大的进步空间，例如多数企业并未形成系统的品牌意识、绿色农产品同质化严重以及尚未开发出隐藏在背后的历史文化等竞争优势，且由于绿色农产品和普通农产品在品牌标识方面没有明显的差异，大多以图文组合为主，也缺乏相应的辅助元素，导致消费者未能正确辨别独立的农产品品牌，无法满足消费者的动态需求，故无法进一步为企业和消费者增加农产品产品价值。

二 跨境电商中绿色农产品原产地品牌塑造影响因素

（一）显性因素

1. 品牌名称

所谓"名不正则言不顺，言不顺则事不成"，头衔能够

第八章
跨境电商中绿色农产品原产地品牌塑造策略研究

帮助人们迅速记住企业和品牌，便于传播的名字才能增加消费者对品牌美好的联想度。因此，在投入市场之前，一个独特的品牌名称能在消费者的认知领域中占有一席之地（例如在借鉴历史典故的基础上融入企业特色），从而为后续的品牌建设奠定基础。

神童项橐，春秋时期莒国人（今山东省日照市），七岁为孔子师。"项橐曾三难孔夫子""昔仲尼，师项橐"，均来源于这一神童。项橐也被后人尊称为"圣公"，因常年居住于山脚，这座山也因此得名为圣公山。山东省著名茶叶品牌圣谷山则以圣公山这一历史为基础，取其谐音"圣谷山"为企业命名。除此之外，圣谷山公司还利用"君子之约、童叟无欺"等历史典故为品牌赋予历史文化，寓意企业的产品安全放心。以绿茶为代表的圣谷山公司将企业品牌与历史典故相结合，既能体现茶叶的原产地形象，也为产品赋予了鲜活的文化特色，不仅能够让消费者印象深刻，刺激消费者对企业的关键联想，更能快速获得消费者的信任。

2. 品牌标识

品牌标识——品牌的关键组成部分，也就是平时所说的品牌商标，一般由文字或图形组成。好的品牌标识不仅可以被识别，还能唤起消费者对品牌信息的回忆，是品牌塑造中最有标志性的代表。例如字母"M"已然成为麦当劳公司的品牌代表。因此，企业需要创造属于自己的品牌标识。一般来说，越简约的品牌标识越能让消费者轻松记住公司名称，这是因为大脑在处理接收到的信息时，所能记住的有效信息大多来源于视觉，这就需要企业在建立自己的品牌标识时尽可能利用鲜明的色彩和简单的设计组合来吸引消费者的注意力,增强识别度。

3. 品牌包装

如何在品目繁多、大量同质化的商品中吸引消费者的眼球是产品营销中的关键一步,此时,包装就显得至关重要。在尚未接受产品和服务之前,包装就等同于无声的销售员。如今,市场上充斥着各类琳琅满目的商品,消费者只有使用了产品之后才能确定产品是否符合预期。但在这之前,大多数时候人们只能根据原产地以及产品包装等外在因素来选购产品。鉴于此,恰到好处的包装设计能够更好地展示产品功能,吸引人们的注意力。

现阶段,市面上的大多数绿色农产品由于缺乏规范化、标准化的生产模式,在外观包装上过于简陋,再加上一些农产品只限于区域生产和消费,并不广为人知,人们无法根据产品外观设计判断产品的特性。因此,作为一种绿色健康的有机食品,绿色农产品包装可以在结合地域或民族特色的情况下融入企业商业理念和价值观,充分展示品牌内涵。

为了突出农产品的天然特性,绿色农产品的包装主要以绿色作为背景色。但是,醒目的包装设计才有助于消费者加深对企业品牌的印象。例如,企业可以在保证产品功能不变的条件下,以纯净色彩作为背景色,以此突出企业品牌。此外,还可加入凸显地域特色的图形,例如插入"高山"图案来强调"黔货出山",加深消费者对贵州特色农产品的印象。

(二) 隐性因素

1. 品牌文化

中华民族之所以能够在历史长河中屹立不倒，原因之一就在于背后扎实的传统文化根基。文化作为一种信仰，是最独有、最难以替代的，已经深入了中华儿女的骨髓。对于企业来说也是一样，一个企业要想在激烈的市场竞争中长久生存，就必须拥有自己的核心文化，并将这种文化与品牌营销相融合，做有文化的营销。企业既可以充分挖掘地域风土人情、人文历史以及目标顾客的消费偏好，还可将产品独特的功能特性与相关的节假日结合起来，在延续文化传承的同时，提升产品销量。

2. 品牌宣传

作为品牌文化的重要载体，产品广告在品牌建设中扮演着关键的作用。简单且令人印象深刻的宣传语能够让消费者更好地理解品牌定位，感受产品功能和特性。在宣传过程中突出"绿色""无污染""亲社会"等标签不仅能够彰显商品的质量保障，同时也可以激起消费者的社会责任感。如今，人们的消费更倾向于高质量产品，因此，在品牌塑造过程中可以通过强调精神追求来实现企业和大众之间的精神共鸣。

3. 市场定位

一般来说，提到绿色农产品，人们对其的印象大多停留在价廉层面，很难与高端市场联系在一起。就这一点而言，高端农产品市场尚未得到发展。鉴于此，企业可以借助于贵州省特殊的山地优势，针对高收入群体开发高端农产品市场，快速形成产品线，加快品牌塑造。具体来说，可以针对高端市场重点突出产品设计和品牌形象，并尽可能在线下实体店进行销售。因为与中低端消费群体相比，高端消费群体不仅更强调品牌追求，同时还看重依附于产品的某些附加价值，例如社交属性等（购买高价格产品更能体现自我的社会地位）。同时，高收入群体对于价格的敏感度较低，线上购买时"货比三家"的频率较低，品质往往是第一考虑因素。再加上消费者通过购物网站浏览高端产品时，由于缺乏与产品的直接接触，很难判断产品质量的好坏，绿色农产品的特殊优势并未得到充分展示，因此可以同时线下实体销售。

第三节　跨境电商中绿色农产品原产地品牌塑造策略

一　加强品质建设

品牌塑造的成功与否归根结底就在于产品质量的好坏。绿色农产品的质量问题不仅会引起人们对"绿色"标签的质疑，更重要的是会损害消费者的健康和利益。建立原产地品牌之前，绿色农产品大多被市场收购，产品之间鱼目混珠，产品品质无法保障。因此，打造绿色农产品原产地品牌能够帮助当地农产品在充斥着大量同质化产品的市场中提升本企业产品的辨识度，也能利用原产地标签增强人们的信任。

（一）品牌战略：抢占公共资源

近年来，绿色农产品市场大规模扩张，但行业中并没有绝对的领导品牌，市场上还会存在鱼目混珠的劣质产品，严重影响了绿色农产品的品牌形象，导致行业技术停滞不前、产品同质化现象越来越严重。因此，企业应开展市场调查、分析自身优劣势，并对比行业竞争者，寻找差异点；然后根据行业内竞争态势、产品受众分析和产品类型制定出具有差异化的战略；在品牌建立的过程中实施全过程的管理与监督，通过精准的品牌定位，为顾客提供独具一格的产品，通过多样化的包装设计、多渠道的推广模式，建立有个性的、能产生积极联想的品牌形象。

（二）品类创新：扛起有机大旗

有机农产品与普通农产品相比，口感和功效会有不同，也不会存在农药残留、重金属超标等问题。面对新的市场需求，企业应转变商业观念，坚持"环境保护、社会公平、经济可行性"的可持续发展原则，让农产品走上有机之路。

（三）产品策略：追踪食品溯源

可追溯系统可以让企业自有品牌拥有自己的"身份证"，有助于赢得消费者的信赖，树立品牌形象。因此，企业需要推广品牌二维码、完善绿色农产品生产加工信息，搭建绿色农产品信息查询平台、健全绿色农产品的质量追溯机制，将种植信息、原产地等数据录入系统，让消费者对绿色农产品的生产信息一目了然。在产品流通环节，可以在交易卡上登记详细的交易记录，确保出现问题后消费者可以凭借交易凭证进行溯源追查，从而做到绿色农产品从生产到销售全过程的可控性和可追溯性，帮助消费者追踪并判断农产品的安全性和价值的高低。

二 实施整合营销

（一）线上营销+线下营销

在经济全球化的今天，实体经济与互联网经济相结合，绿色农产品可以搭上这趟"快车"开展营销。一般来说，传统营销模式的成本更加昂贵，对于资金不够充裕的初创企业来说，这无疑是一笔巨大的开销。而网络营销的成本较低，若品牌塑造得好，线上销量可能会比实体店销量更高，这是因为线上销售面向的市场更大、更广，并突破了原有的地域限制。开展网络营销也能缓解库存压力，减少流通环节和降低营销成本。绿色农产品电商是大势所趋，是对线下销售的补充，也为省外消费者购买贵州原产地绿色农产品提供了最便捷的渠道。由于大部分涉农企业的服务能力有限，常常不能给消费者提供满意的服务。而利用互联网技术则可以突破时间和空间限制，为消费者提供全天候的销售及售后服务，减少顾客流失。

线上店铺常常存在人气过低、品牌形象大打折扣等问题，因此，企业应当成立专业的电商部门。具体而言，企业可以开设天猫旗舰店，为消费者提供"足不出户"的便捷服务和高品质的绿色农产品。其次，主动参与阿里巴巴等平台推出的官方免费试用活动，借此推进企业品牌走进人们的视野。同时，企业还应参加聚划算等活动，帮助企业在短期内提升销量。下一步，企业电商部门将继续以消费者为中心，打造全方位的客户服务管理平台，从不断满足消费者需求到持续增加企业和顾客价值，为顾客提供极致的消费体验。

（二）体验式营销+诉求型营销

消费者越来越重视精神需求和个性化的服务，关注的已不仅仅是单一的产品功能。因此，企业需要转变营销模式，注重消费者的体验感受，向消费者传达品牌思想、情感与体验，充分调动消费者的情感。

体验营销是以消费者为中心，通过事件、情景的安排以及特定体验过程的设计，让消费者在体验中获得最大限度上的精神满足。体验营销应从消费者的角度、感受、思维、行动和关系五个方面展开。体验营销注重挖掘大众内心的渴望，从大众体验的角度去衡量产品。产品体验不仅能让消费者深入了解产品信息，还能让消费者对品牌产生情感层面的认同，良好的消费体验更能吸引潜在消费者、留住消费者。对企业来说，如果体验之后的在线评价被网络收录或者采纳后，消费者的体验感受就更具有说服力和号召力。一方面，体验营销理应摆脱传统营销的枯燥过程，卖商品，不如卖"体验"。另一方面，品牌诉求能够帮助企业打造出给大众带来利益的产品，深入人心的诉求才能够积淀品牌价值。

品牌的体验式传播，也就是从消费者角度来认识和感受品牌内涵，而诉求型传播是站在品牌拥有者的角度来表明"说什么""怎么说"，两种传播之间各有优劣。塑造一个品牌，不仅需要功能上的诉求和体验传播，还需要与大众进行情感沟通以满足消费者心理需求，两者结合起来才能让绿色农产品品牌与消费者之间建立起良好的沟通和互动。

（三）受众+媒体+信息整合传播

首先，媒体的整合。媒体按照形态可以分为新媒体和传统媒体。传统媒体能掌握较为精准的信息，因为企业在投放广告前会进行大量科学的市场调研以保证投放效果。传统媒体负责品牌的日常广告，一般投放在费用较高、用户量大的强势媒体上，但是在品牌的塑造上，除了利用传统媒体外，还可以结合网络直播、公关以及事件营销等新媒体向消费者传达信息，根据市场变化进行舆论引导和品牌推广。对于企业的品牌传播来说，新媒体和传统媒体理应取长补短，实现二者的有效结合。

其次，信息接触点的整合。全球最大的广告公司创始人 Leo Burnett 通过调研发现，消费者拥有 102 种类似"广告"的不同媒体接触点，这些接触点覆盖品牌信息的各个方面，从产品包装、宣传册、广播广告、促销活动这些自发的接触点到产品售后、产品维修这些人为的品牌接触点。消费者任何一次接触都可以感知到具体的品牌信息。在重要的接触点上，要尽可能地传播能够促进品牌认可和购买行为发生的品牌识别信息，利用好的创意和口碑传播建立起与消费者沟通的桥梁，减少不利于品牌形象的负面信息，确保消费者的每一次接触都拥有极致体验。

现如今，消费者的接触行为模式在新媒体环境中发生了一些变化。传统的 AIDMA 法则认为消费者的购买行为会经历注意力—兴趣—欲望—记忆—购买行为这一过程（杨仕梅和周小波，2020）。然而，在新媒体环境的刺激下，人们在接触的过程中对任何一个点感兴趣均可以使用互联网搜索，传统媒体的强制性的单向输入模式已不再适用。鉴于此，企业应采取新媒体和传统媒体相结合的方式以及各式各样的公关活动丰富接触方式，保持接触过程中品牌信息的一致性。

三 提升企业责任感

尽管目前我国经济总量跃居全球第2位，但仍然是一个农业大国。一方面，"劣币驱逐良币"的现象层出不穷，劣质农产品严重损害了消费者信任，引起大众对劣质农产品的厌恶。另一方面，人们希望企业能够生产出优质农产品，保障自己的消费者权益。解决这一问题需要提升企业责任感，聚焦主责主业。具体而言，可以采取以下措施：

首先，绿色农产品追溯系统。使用溯源系统体现了企业自愿接受大众和市场监督，在产生质量问题后，能够有效地排查原因，及时采取补救措施。通过溯源系统，消费者只需从包装上扫描二维码或关注公众号即可了解产品从种植到销售的全过程，初步判断绿色农产品的质量和品质。

其次，建立一套领先的品牌建设标准。由于农产品种类大多相似，打造绿色农产品品牌的难点就在于品质以及是否拥有精美的包装设计。若要成为行业龙头，就必须在品质标准上推陈出新，制定一套高于行业标准的内部品牌标准。

此外，高价值标签对于打造高端绿色农产品是必不可少的。消费者对于生产"绿色""无污染"农产品的呼声越来越高，对农产品进行认证管理，不仅顺应了消费者对农产品需求的变化，更重要的是树立了涉农企业的品牌形象，提高了辨识度。环保产品、绿色食品、有机食品和无公害产品等标识中不仅包含了国家标准，也体现了行业授予的最高荣誉标志，在消费者的心目中已然成为安全、绿色和健康的象征。目前，多数绿色农产品只停留在拥有生产许可证这一环节，从而导致市场对该产品的认可度不高。鉴于此，企业应当尽快获得国家认证、行业认证等国际认证资格，充分利用区域公共资源，通过抱团的形式提高整体产品质量并注册地理标志商标，最终巩固品牌地位。

第九章

跨境电商中绿色农产品原产地品牌传播策略研究

第一节 引言

近几年，跨境电子商务的交易规模逐年增长，已成为我国对外经济贸易发展中必不可少的重要组成部分（郭四维等，2018）。作为一个具有开放性和虚拟性的有机系统，跨境电商的功能已从扩大单一的产品销路和提高销量等过渡为化解产能过剩以及整合贸易资源，尤其随着大数据、物联网和5G等新一代信息技术的快速推广和运用，跨境电商在改造和提升贸易资源方面的能力不断提升，因此，跨境电商也被称为"外贸新引擎"（金虹和林晓伟，2015；郭四维等，2018）。跨境电商不同于传统的贸易方式，打破了地理位置的限制，交易双方可以通过线上完成交易（鲁钊阳，2019）。

作为现代农业发展的重要组成部分，绿色农产品一直是理论界和实务界关注的焦点。绿色农产品是指依托良好的气候条件和种类丰富的生物资源，坚持可持续发展原则，按照标准生产要求生产，经专门机构认定后才使用绿色食品标志、安全无污染的农业产品。由于山区地质存在土壤单薄、容易流失等问题，生态环境破环现象时有发生，区域的生态环境又具有环境容量小、承灾功能差、安全性低等各种脆弱性的特点，因此在生产绿色农产品的过程中，不但要注意化肥、农药、激素等的用量，同时要注意对生态的保护，选择合适的农产品并采取恰当的生产方式进行绿色农产品的生产。党的二十大指出人与自然和谐共生，坚持绿水青山就是金山银山的发展理念，全方位、全区域、全过程加强生态环境保护，像保护眼睛一样保护自然和生态环境，走生态良好的文明发展道路。

现代农业已进入4.0时代，传统的线下交易模式逐渐显现出弊端，依托信息技术发展线上农产品已成为各国农业发展的趋势。自2014年以来，作为农产品发展的重要方式，农产品电商连续六年出现在中央一号文件中，社会公众对于依托互联网的农产品跨境电商发展也给予了高度关注（鲁钊阳，2019）。我国农产品进出口总额逐年增长，据2020年阿里巴巴国际站农产品及食品行业分析报告显示，2019—2020年阿里巴巴国际站农业商家数同比增长11.05%，平台农产品交易额同比2019年增长183%。在跨境交易扩大的同时，国外消费者如何才能选择高质量的产品？中国如何才能提升海外消费者对我国农产品的原产地品牌印象？因此，有必要进行跨境电商贸易中绿色农产品的原产地品牌传播研究。

第二节 跨境电商中绿色农产品原产地品牌传播研究

一 跨境电商中绿色农产品的原产地印象研究

党的二十大强调全面推进乡村振兴,加快建设农业强国,扎实推动乡村产业振兴。在此背景下,如何推进我国农产品品牌化建设成为现代农业发展的一个重大任务。然而,由于绿色农产品的经营主体以分散的个体户为主且农户的受教育程度有限,我国绿色农产品在电商贸易中所占的比重很小。原产地作为绿色农产品的特色标志,对于扩大跨境电商农产品发展具有关键的作用。

原产地不仅可以代表产品的生产制造区域,也可以代表产品的设计地、组装地以及品牌联系地(田圣炳,2007)。随着市场细分程度的提高,很多产品的原产地逐渐变得模糊。当提到原产地时,人们会自然而然地联想到绿色农产品。在传统贸易方式下,依托单一的线下交易方式打造具备知名度的农产品品牌并非易事,这就导致多数质量良好的绿色农产品"有品无名",常常处于尴尬状态。如今,信息技术、互联网技术被广泛应用于各大行业,电商平台蓬勃发展,这就为那些"有品无名"的农产品提供了营销平台。事实上,农户在利用电商平台进行营销时,常常存在这样一个问题:消费者在进行信息检索时,知名度高的品牌通常拥有较大的优势,这就导致原先处于市场边缘位置的个体户农产品进一步被边缘化。在农产品市场中,具有高知名度的产品品牌寥若晨星，商家更多的是利用农产品地理标志或原产地来吸引消费者的注意，因此，原产地印象对于农产品品牌塑造具有重要的作用。

原产地形象为什么能够吸引消费者？学者对这一问题进行了深入研究，发现原产地吸引消费者的原因就在于它能为消费者创造价值。原产地效应对于消费者的影响主要体现在晕轮效应和概括效应（张耘堂和李东，2016）。首先，晕轮效应也称为光环效应，是指人类认知中以偏概全的主观印象。Bilkey 等（1982）发现当消费者在不熟悉产品品质的情况下，常常会借助某些外部线索来推断产品质量，对产品做出评价。也就是说，在国际交易中，消费者由于不熟悉产品品牌，很难对产品做出评价，这时，消费者就会利用原产地印象（外部线索）来推断产品的质量，跨国消费者也会将原产地印象作为一种光环来判断商品的属性，从而对商品做出总体评价。这种现象也存在于消费者的购买过程中，面对不熟悉的产品或缺乏足够的产品信息时，消费者通常会将价格作为评判质量好坏的重要线索（张耘堂和李东，2016）。需要指出的是，晕轮效应通常是在人们无意识的情况下产生的。晕轮效应模型指出，当人们对客体的某一品质或属性存在正面认知时，对于客体的其他品质或属性也会持有正面认知，但这是以人们不熟悉客体的其他属性为前提的。因此，晕轮效应作为人们的一种主观认知，在某些情况会或多或少地夸大客体的正面评价，减弱负面评价，从而降低了评价的客观性和有效性。

其次，概括效应。概括效应对消费者的原产地印象同样有着显著的影响。由于来自同一原产地的农产品品牌具有类似的产品特征，因此，消费者会总结、概括出类似品牌的特征，从而对品牌形成特定的认知，从而影响消费者的品牌态度。原产地的概括效应主要体现在两个层面：一是消费者基于产品属性理念概括原产地形象；二是基于原产地形象影响品牌态度（李东等，2015），原产地形象的概括效应模型如图9-1所示。

产品属性信念 → 原产地形象 → 品牌态度

图 9-1　原产地形象的概括效应模型

资料来源：Han，C.M.（1989）。

一般来说，当目标市场上出现两个以上的源于同一原产地的品牌时，这些竞争者就会在该市场领域开展激烈的竞争。田圣炳和陈启杰（2004）以中国家电市场为例，分析了以索尼、东芝和松下为代表的日本品牌的竞争战略，这些源于同一个国家的品牌在家电领域各显身手，竞相追逐，中国消费者在对这些品牌具备一定的认知后，总结其产品特征，就会形成对日本家电品牌的原产地印象，从而影响中国消费者对日本家电产品的态度。晕轮效应虽然是原产地形象的研究热点，但概括效应对企业的营销战略同样具有重要的指导意义。事实上，由于竞争力较弱，某些企业经常会采取机会主义行为，即利用良好的原产地形象生产质量低下的产品，这导致降低消费者对产品原产地形象的好感度下降，进而损害其他厂商的利益。在这种情况下，要想保护本国良好的原产地形象，就必须优化营商环境，建立严格的产品质量标准和奖惩机制，奖励产品质量合格的厂商，严惩不法商家，保障市场商家、消费者等多方利益，营造公平有序的营商环境。

二 跨境电商中绿色农产品品牌传播研究

与无品牌农产品相比，农产品品牌化可以减少农业产品的同质化（Mettepenningen et al.，2012），同时为消费者提供更多的信息和质量保证（Minten et al.，2013）。虽然我国农产品品牌建设取得了一些进步，但与农业发达国家相比，仍有较大差距。从科技的角度看，当前我国农产品产业链普遍存在技术落后、科技研发与农业生产融合度不高等问题（韦晓菡，2016；熊冬洋，2017）。而从农产品品牌营销的角度看，我国农产品发展仍然存在营销方式单一和品牌营销路径错位等问题（伍锐，2016）。曾艳等（2014）在其研究中阐述：由于中国农产品监管体系仍然不健全，品牌"搭便车"现象也较为突出，上述种种问题无一不在限制我国绿色农产品的跨境电商贸易的发展。

对于跨境电商绿色农产品的品牌传播研究，研究领域较为分散，大概可以分为两类：一是从整体的品牌塑造角度出发，探讨品牌在传播过程中的问题。例如，魏彬（2016）考虑了当前农产品面临的时代背景，认为在"互联网+"时代背景下，消费者需求成为农产品营销的重点，企业在营销过程中应尽量简化营销渠道，突出"以人为本"的营销理念，加强农产品与互联网的结合，不断完善供应链体系；二是从特定的品牌传播角度出发，分析品牌传播的问题。例如，基于创新扩散视角，张晓锋等（2019）研究生态猪肉的品牌传播，从品牌维护、品牌推广、市场销售和营销模式四个角度阐述了新媒体时代背景下如何进行农产品品牌传播的创新转变，从而提出相应的品牌传播路径建议。基于农产品的品牌生态定位的视角，张晓娟（2013）认为人们对农产品的购买意向与品牌传播方式、传播方式和用户类型的交互作用有关，具体表现为：品牌图式型用户获取抽象的品牌信息时，将会有更高的购买意愿；而非品牌图式型用户获取具体的品牌信息时，将会有更高的购买意愿。总的来说，虽然以往的研究对于跨境电商绿色农产品的品牌传播涉足较少，但可以在已有的农产品品牌传播研究的基础上，结合跨境电商大背景，适宜地指导跨境电商绿色农产品的品牌传播实践。

三 跨境电商中绿色农产品原产地品牌传播研究

近几年，学术界虽然对原产地的相关研究较为深入，但总的来说，都是将原产地作为判断产品品质的一种信息，进而探讨原产地印象是如何影响消费者购买意愿的？关于原产地的研究主要集中在工业品的跨国贸易方面。由于独特的生态、信息不对称以及生产和消费的正外部性等特征，相比于工业品的原产地品牌，绿色农产品的原产地品牌更能影响消费者的购买意愿（靳明和周亮亮，2006）。因此，在跨境电商农产品的交易过程中，应加强绿色农产品的原产地品牌建设。

原产地品牌是在某个地区的地理框架下的产品或服务为基础形成的公共品牌（王兴元和朱强，2017）。由于原产地品牌具有正外部性，因此知名度高的品牌往往会受到消费者的青睐和喜爱，从而促进产业集群，助力本区域其他产业的发展。由于我国原产地研究起步较晚，各界对于原产地的关注较少，因此在绿色农产品跨境电商中的原产地品牌传播方面的研究就更少。现有对于农产品原产地品牌传播的研究主要阐述了原产地品牌传播的影响因素和对企业营销的影响等。王海忠和赵平（2004）发现在原产地品牌传播过程中，某国的消费者更偏爱那些与本国经济发展水平持平的外国品牌，这称为消费者民族中心主义倾向，此外，中国品牌在国际市场上的认可度较低，但在"售后服务"等方面具备优势，通过恰当的营销策略可以提高中国品牌的原产地形象。王新刚等（2017）考虑了品牌丑闻的溢出效应，当激发消费者民族认同时，如果本国品牌产生负面信息，会降低同行业本国其他品牌信念的同化效应和国外品牌的对比效应；如果国外品牌产生负面消息，则可反转同行业本国其他品牌信念的同化效应和国外品牌的对比效应。一般来说，品牌丑闻越多，原产地品牌的忠实消费者就越少，品牌传播的动力越弱。新媒体时代，流量效应和粉丝效应为原产地品牌所带来的利润是难以衡量的，一旦出现品牌丑闻，其在国内外各大社交媒体的传播速度将对跨境电商绿色农产品原产地品牌造成极大的负面影响。王鹏等（2011）从品牌原产地困惑的角度，阐述了对品牌形象的影响，当国外品牌被误认为我国本土品牌时，用户将产生较差的品牌形象感知；而将我国本土品牌被误认为国外品牌时，由于可以从产品属性和品牌特性等其他方面获取品牌信息，因此不会对品牌形象感知有所提升。

  针对上述新媒体时代下绿色农产品原产地品牌传播现状及问题，可以通过某些营销策略减少跨境电商绿色农产品原产地负面形象的传播。首先，可以从相对强势的品牌入手，优秀的中国涉农企业可寻求有效的合作方式，将中

第九章
跨境电商中绿色农产品原产地品牌传播策略研究

国的绿色农产品品牌扩散至海外市场，着力提升强势农产品品牌的原产地形象传播，从而提升中国品牌形象。其次，当国外消费者对跨境电商农产品品牌持有负面评价时，可以通过广告宣传来改善这一现状，需要注意的是，在这一过程中，仅仅单靠某一力量是完全不够的，行业组织或政府应在其中扮演着重要的角色。最后，在消费者的认知中中国本土品牌的品牌形象较差，原因在于消费者长期形成的理念——中国产品"价格低下，质量较差"，要想改变这一现状，就必须提升绿色农产品品质，用品质打动消费者，增强绿色农产品在海外市场的原产地品牌扩散效应。

第三节 跨境电商中绿色农产品原产地品牌传播策略研究

梳理相关文献发现，目前关于绿色农产品的原产地品牌传播策略的研究大多从企业角度出发，少有学者从国家或政府的角度思考原产地品牌传播策略。因此，本文以我国绿色农产品为研究对象，主要从政府和企业层面出发，探讨绿色农产品的原产地品牌传播策略，既弥补了现有研究的不足，同时也为扩大我国绿色农产品的销售市场提供指导方案。

一 政府层面
（一）发挥政府主体地位，形成行业协会领导机制

毫无疑问，要想开展下一步跨境电商农产品的原产地品牌建设工作，首先就得明确主体地位，那就是——谁来

建设？谁来辅助？正如大众所知，企业品牌的排他性和资源的独特性造成了品牌建设以及品牌传播的主体一般都是企业。然而，原产地品牌在这一过程中却不适用，公共性和溢出效应使得原产地印象成为众多企业的共有资源，这就造成了企业在原产地品牌建设过程中缺乏足够的动力，必须由公共组织引导原产地的品牌建设（靳明和周亮亮，2006）。

之所以认为政府在原产地品牌传播过程中能够比企业发挥更大的作用，主要源于以下三方面的原因（张屈征等，2003）：首先，公共组织优势。在市场运营过程中，某些不法企业以损害其他客商的利益为手段来获取更多的自身利益，这严重地影响了区域原产地的品牌传播工作。在这种情况下，仅仅依托市场的自我调节能力是不够的，必须由政府出面，利用经济、行政或法律手段实行严格的奖惩制度，对于社会责任感高的企业给予更多的补贴；对于不法商家，则采取严厉的惩罚措施。其次，公平优势。企业存在的目的是获取经济利润，企业开展的任何活动都是为了能够更好地生存，因此，自身利益在很大程度上降低了市场资源的整合效率，对原产地品牌传播造成一定的负面影响。政府作为公共组织机构，可以打破个体利益的界限，充分发挥资源的利用效率，将原产地品牌扩散至海外市场。最后，信息优势。在互联网时代，人们可以通过网络及时地了解到市场信息，同样地，企业也可以敏锐地洞察到经济信息，但这些都仅限于微观信息，对于国家层面的信息，企业的接收过程具有一定的时滞性。作为国家机构，政府不仅可以迅速察觉到外部的市场信息，更能从宏观的角度及时掌握国家政策变化，从而为品牌传播战略的调整提供强有力的支撑力量。

（二）培育产业聚集园区，传播农产品原产地品牌

党的二十大强调要巩固优势产业地位，补齐短板，提升战略性资源供应保障能力。通过培育产业聚集园区，企业之间通过相互协作、优势互补达到动态平衡，共同为加强原产地品牌的传播提供保障资源。目前，市场上已经出现了海外消费者所熟知的中国绿色农产品原产地品牌，这些农产品品牌对于我国跨境电商贸易的发展至关重要，但由于农产品的品牌保护意识薄弱以及市场规模小等问题，与我们所希望建立的原产地品牌还存在一定的差距。相比单个企业，农产品产业集群的规模效应能够在原产地品牌传播过程中发挥更大的作用。

首先，应由相关机构制定绿色农产品产业集群规划，建立绿色农产品产业集群的指标体系，明确产业聚集区域的核心区域和重点区域，给予资金支持。其次，完善产业集群基础配套设施。按照不同类型的绿色农产品进行分工，整合农产品产业链，以绿色农产品为中心配套产业园区基础设施设备，例如完善交通设施等，根据自身情况建立相应的产业协作圈。最后，明确龙头企业园区。龙头企业在产品交易过程中发挥着重要的作用，是产业园区综合竞争力的代表，突出龙头企业，能够增强绿色农产品的规模效应，提升当地绿色农产品品牌的影响力。

（三）优化农产品产业价值链，培育核心涉农企业

产业价值链是指为顾客创造价值而形成的链条，是仅从价值的角度来探讨企业竞争中的一系列活动（黄彬，

2019）。在为顾客创造价值的过程中，涉农企业应关注真正创造价值的环节，也就是说价值链上的关键环节，涉农企业在特定关键环节上的优势就是原产地品牌传播的优势。然而，单靠企业的力量管理产业价值链，构建和谐的市场环境是远远不够的，个体利益的存在使企业的一切经济活动都需要围绕这个目标来进行，因此，要想形成相互协同，抵掌而谈的市场环境，需要政府从中引导。地方政府应积极引导涉农企业构建以产业价值链为核心的市场体系，加强企业在各个价值链环节的分工与协作，形成完善的产业竞争环境，为绿色农产品原产地品牌扩散提供基础支撑力量。

由于具备行业领先地位，核心企业可以通过并购中小型企业达到规模经济的目的，从而完善本企业的精细化生产领域和空间布局，实现涉农企业的产业聚集效应。核心企业作为绿色农产品生产经营过程中的主力军，不仅在农产品原产地品牌传播过程中发挥着战略性的作用，同时还能带动中小型企业的发展，加强农产品原产地品牌的传播力度。因此，地方政府应加大对本地核心企业的支持力度，创造可持续的发展空间并提供资金支持，为核心企业创造互惠共赢的营商环境。

二 企业层面

（一）加强与当地知名分销商的合作，提升原产地形象

当某一产品品牌打入新市场时，与当地有名的分销商或零售商合作，不失为一种正确的战略选择。Curtis（1967）发现与地方零售商合作可以改变某一产品的原产地形象。消费者在进行购买时，常常会利用分销商的企业形

象来判断产品质量的好坏,拥有高品牌形象的企业通常会受到消费者的青睐。因此,我国绿色农产品在进入海外市场时,可以通过与当地知名分销商合作,组成战略联盟,利用地方分销商的品牌声誉提升我国农产品的原产地品牌形象。例如,日本的 Canon 和中国的海尔在进入美国市场时,首先就与当地有名的零售商合作,利用美国零售商的正面效应弥补原产地形象的缺陷。

(二)利用中国传统或人文背景的优势,采取多样化的营销战略

中华民族之所以能够在历史长河中生存发展、长期屹立于世界民族之林,其中一个很重要的原因就在于中国传统文化的魅力。中华儿女需要坚守中华文化立场,因而在跨境电商中进行绿色农产品品牌传播要融合中华文化,讲好中国故事,展现中国形象,将产品与文化结合,塑造有故事有内涵的农产品品牌。例如,白酒、陶瓷、美食等产品凭借背后的中国传统文化就吸引了无数的国外消费者。绿色农产品也不例外,以云南、贵州等地的山地绿色农产品为例,利用独特的山地优势种植出来的农产品同样可以在国际市场上占据一席之地,增强中国绿色农产品原产地的多样化形象。同样地,企业还可以充分挖掘农产品背后的人文故事,例如江西的"四特酒",因周恩来总理的命名而名声鹊起。因此,企业应充分挖掘与农产品相关的文化底蕴,用人文历史带动农业发展。

(三)加强绿色农产品科技研发力度,提高产品质量

当前,我国已进入现代农业 4.0 时代,大数据、新基建和 5G 等新一代信息技术将掀起我国经济发展的浪潮。党

的二十大指出要推动战略性新兴产业融合集群发展，构建新一代信息技术、人工智能、生物技术、新能源、新材料、高端装备、绿色环保等一批新的增长引擎。利用现代信息技术提升产品竞争力成为我国农业发展的重点，对于农产品这一领域来说更为重要。国内企业要想占领海外市场，就必须利用云平台、大数据以及机器学习等技术来分析和处理农产品试验品种，种植和培育出符合消费者需求的农产品。同时，在数字经济时代，企业各扫门前雪的发展模式不再适应时代的要求，更多地需要产业融合。在绿色农产品的原产地品牌建设过程中，可以整合各行业资源，根据消费者需要进行产品深加工，例如牛血可用于生产牛血蛋白等生物制品，农产品生产过程中也可借鉴此模式，提升农产品的附加值和产品品质，从而增加消费者对原产地品牌的忠诚度。

第十章

跨境电商中绿色农产品原产地品牌塑造与传播制度设计研究

第一节 引言

我国跨境电商发展迅速且具有良好的发展态势,对促进外贸经济增长发挥着重要的作用。跨境电商的发展如此之快得益于消费不断升级、"一带一路"倡议、自由贸易试验区、供给侧结构性改革等战略。党的二十大提出完善支持绿色发展的财税、金融、投资、价格政策和标准体系,发展绿色低碳产业,健全资源环境要素市场化配置体系。近年来,我国政府为支持、规范跨境电商长远发展,相继出台了有关税收、增设综合贸易试验区等一系列政策措施,为跨境电商企业发展提供了良好的政策保障。例如,2020年国务院新增46个跨境电子商务综合试验区;截至2021年9月,全国已有105个城市设有跨境电商综合试验区;2020年,政府对全国跨境电商零售进口试点范围进一步扩展（前瞻产业研究，2022）。

此外，新法规对我国跨境电商市场也进行了相应的规范。例如，调整跨境电商税收政策，对于规定限值以内的免收关税，而进口环节的增值税、消费税则依照法定应纳税额的70%缴纳；限值以外按照全额征税。政策实施后对中国零售进口业务带来了冲击，不少跨境电商平台或公司不能达到核验通关的条件，导致零售进口业务"熔断"问题的发生，不利于中国跨境电商的健康发展。

另外，在跨境电商市场中，某些企业常常会为了获得更多的利益而采取损害其他厂商利益和消费者利益的机会主义行为，例如2008年"毒奶粉事件"，这不仅是企业道德责任的缺失，还是社会责任的缺失。自"毒奶粉事件"后，政府废除了执行多年的食品质量免检制度。针对上述品牌问题，不仅要依靠国家出台强制性政策文件进行品牌管理，更需要企业提升自己的道德责任感和社会责任感。因此，本书主要从国家和企业的角度出发，为中国绿色农产品在海外市场的原产地品牌塑造与传播提供制度设计，从而更好地指导我国原产地品牌的建设。

第二节　跨境电商中绿色农产品原产地品牌塑造与传播制度研究

一　跨境电商政策及制度研究

我国市场监督管理与电子商务发展速度未能同步，造成一系列的市场管理问题。为规范跨境电商的发展，国际组织和各国政府颁布了相关的政策法规。比如，2000年欧盟制定的《关于内部市场中的信息社会服务尤其是电子商务若干法律问题的指令》；2018年我国海关总署出台了《关于跨境电子商务零售进出口商品有关监管事宜的公告》。近年来，我国政府大力支持跨境电商，创造有利的跨境电商营商环境，并出台了相关的政策法规，主要体现在扩大跨境电商的试点范围、创建跨境电商发展新模式、推进贸易便利化等方面。

（一）电子商务相关政策研究

电子商务在中国的起步比较晚，但发展迅猛。同时有关电子商务领域的政策法规也在逐步规范完整，为其发展提供法律保障，但其相关法律法规的完善程度较国外还是相对落后。现阶段我国有关电子商务领域的政策法规主要包括以下三个方面：第一，在电子签名和电子合同规范方面，制定了《中华人民共和国电子签名法》，并于2019年进行了修订；第二，在消费者权益保护方面，制定了《中华人民共和国消费者权益保护法》，于2013年对其修订，对电商环境中消费者权益保障机制做出补充；第三，在线上交易服务方面，制定了《关于网上交易的指导意见（暂行）》，其目的是推动线上交易的有序开展，保障交易双方权益，进一步规范线上商品交易行为，防范线上交易风险。此外，在电商平台责任、网络信息安全、物流、竞争法等方面的法律法规也适用于电子商务领域。同时，我国各省市也制定了相关的电子商务法规政策。

电子商务迅猛发展，但针对电子商务的法律制度并未建立，实践中需要依靠部门规章规范管理电子商务。为推进电子商务健康长远发展，2013年全国人大常委第一次起草《中华人民共和国电子商务法》（以下简称《电子商务法》）；2018年8月，由党的十三届全国人大常委会第五次会议通过。《电子商务法》对电商平台和电商经营者的责任义务、消费者权益、交易服务、信息隐私安全以及市场秩序等内容进行规范。

《电子商务法》第五章讲述了跨境电商的相关法律，但法规仍有不足之处。跨境电商比电子商务复杂，跨境电商需要多部门共同协调管理，涉及海关、检验检疫、税务、知识产权等环节。跨境电商依托全球背景，其大环境复杂多变，未来的发展情况也难以预测，因此制定具有前瞻性的法律制度也比较困难。现存的《电子商务法》虽在促进跨境电商发展方面进行了法律规范，但对跨境电商的管理缺乏实践指导意义。

（二）跨境电商政策相关研究

近年来，跨境电商发展迅速，有关影响跨境电商发展因素的研究也越来越多，关于政策法规的研究主要集中在各国政策制度和相关立法的比较层面。例如，在跨境电商绩效评估方面，制定了跨境电商的评价要素框架（杨坚争等，2014）、绩效测评体系（王林和杨坚争，2014）。在法律制度方面，发现跨境电商的法规制度影响公司绩效（Chen and Yang，2017）；高翔和贾亮亭（2016）对跨境电商各环节中的风险因素的影响机制进行研究。张夏恒（2017）对跨境电商的应用模式和风险防范进行了研究。综上所述，目前对跨境电商的研究主要集中在绩效评估、法律制度等方面，缺少有关跨境电商的政策法规传播影响机制的研究。

二 绿色农产品原产地品牌制度研究

以往的农产品品牌制度研究主要集中在制度对品牌的影响和农产品品牌的顶层制度设计方面,对于农产品的原产地品牌制度研究成果较少,但现有文献已明确指出制度与品牌之间存在显著的关系。例如,Drucker（1964）从全社会交易的视角得出制度对宏观经济社会和微观经济领域中的营销均有影响。Handelman 和 Arnold（1999）通过实验得出制度影响营销绩效,这对企业营销提供了指导方案。同时某些政策制度行为也会影响品牌资产（Ismah et al.,2015；Virutamasen et al.,2015）,具体而言,社会群体的行为受制度的规范,因此制度影响生活在社会群体中的消费者对品牌的感知,进而会影响企业的品牌资产。谢京辉（2015）基于品牌经济的角度,发现我国品牌经济发展停滞不前的原因就在于缺少有效的制度,有效的制度可以减少品牌建设和培育过程中的不确定性和风险,同时也可以促进品牌经济到商业模式的转变,还可以提升消费者对品牌的忠诚度。赵卫宏和孙茹（2018）从资源与制度的视角考虑了政府和消费者资源优势对企业的压力,强调了这些强制压力对企业形成区域品牌化具有不同程度的正向影响。刘英为等（2017）从制度理论的角度,阐述了品牌合理性、制度距离和品牌国际化绩效之间的关系,并提出品牌合理化发展的三个阶段的指导战略。赵卫宏和凌娜（2014）构建了区域品牌化战略的理论框架,发现区域品牌化绩效的提升路径依托于以下三方面:一是组织对区域文化信仰的关注和参与,二是承受强制性和规范性制度环境带来的压力，三是对资源做出理性选择。

实际上，仅仅依托企业的力量想要实现绿色农产品品牌建设目标是远远不够的，政府也需要参与其中。纵观发达国家的农业发展史，不难发现虽然各个国家的政府在农产品品牌发展过程中扮演的角色和履行的职能存在差异，但基本都发挥了重要的作用（孙强和钟永玲，2019）。政府在农产品建设中同时扮演着多种角色，他们是农产品质量标准的制定者，也是农产品品牌建设的注册者、推广者和管理者，也是农产品品牌的监督者和保护者（张可成和王孝莹，2009）。企业虽然是农产品品牌建设的主力，但政府作为经济发展的协调部门也发挥着关键的作用，尤其在产地推广方面，只有大力地开展产地推广工作，才能形成区域产业集群发展模式（黄蕾，2009）。此外，农产品品牌发展的知识产权问题尤为重要。品牌化发展是农户增收的重要途径，然而当前我国农产品发展模式存在着方方面面法律缺陷，这需要提升国家立法和执法高度，构建农产品品牌综合保护的工作格局（闫博慧，2018）。

第三节 跨境电商中绿色农产品原产地品牌塑造与传播制度设计

梳理相关文献发现，以往的农产品品牌制度研究主要集中在制度对品牌的影响和农产品品牌的顶层设计方面，对于农产品的原产地品牌制度研究成果较少。但由于原产地品牌隶属于品牌大类，因此，我们可以在总结品牌制度研究成果的基础上，延伸出原产地品牌的制度设计框架。本书认为，由于绿色农产品跨境电商中原产地品牌塑造与传播的两大主体是政府和企业，因此，制度设计则从这两方面来进行。

一 政府层面

（一）加强顶层设计

一是建立主导机构。建立有关农产品品牌发展战略机构，以农业部门为主体，与工商、税务、财政、海关、质检等部门联合成立我国农产品品牌发展战略委员会，建立完善的品牌发展机制，推动制定国家农产品品牌战略发展规划。

二是强化规划引领。以国家农产品品牌发展规划为引领，制定国家品牌战略规划，综合考察农产品原产地环境、生产、种植、采摘、运输、销售等环节，统筹各环节和资源的协调，注重品牌建设、推广宣传、良性竞争、维护、退出市场等环节，系统有序地推进品牌战略发展。

三是锤炼品牌理念。建立特色的中国农产品品牌文化和品牌理念，将农产品自身特点与中国传统文化相融合，讲述农产品品牌故事，并使其契合农产品原产地、生产销售各环节的核心价值，促进农产品品牌形象提升，形成统一的农产品品牌理念。

（二）完善制度框架

一是完善农产品品牌使用制度。农产品从生产到销售各环节实行品牌信息登记，对农产品品牌实施动态信息监管；践行"双品牌制"，即公用品牌与自身品牌相结合，形成双品牌意识和规范；严格把控农产品品质，实施一票否定制，即有一票否决则退出市场。

二是健全市场主体竞争机制。优化民营企业发展环境，依法保护民营企业产权和企业家权益，营造对民营企业公平的营商环境，优化民营企业待遇，以缓解中小微和民营企业融资困难、投资门槛高、财产缺乏法律保障等问题；建立有效的市场监督和管理机制，严厉打击不公平的竞争活动；加大对我国境外农产品品牌的监督和管理力度，消除不正当的竞争活动，创建国内农产品品牌的救济制度。

三是健全社会信用管理制度。建立品牌主体的征信系统，增强主体活动的透明度和违法惩处力度。建立消费者信用行为记分机制，引导消费者合理维权，抑制恶意索偿等不公正地保护个人合法权益的行为，并全面落实"市场准入负面清单制度"。

四是完善消费者保护制度。简化完善消费者诉讼机制，减少维权的货币、时间、精力等成本；建立销售者利益保护制度，加强市场经营者的监督和管理；创建消费者宣传教育制度，通过新媒体等渠道宣讲农产品和品牌知识，提高消费者鉴别和认知能力，防止利益受损。

五是完善知识产权保护制度。建立健全有关农产品品牌保护的法律法规，建立农产品综合管理体系，包含农产品质量管理、产品宣传推广、新产品保护与品牌专利管理等内容；健全信息管理机制，实施统一的注册标准、农产品品牌信息发布制度，建立信息同步共享机制；建立农产品标识区分标准，明确地理标志与普通产品名称的差异。

（三）强化政策支持

一是加强资源整合，打造信息平台。整合统筹管理农产品信息，打造统一的信息平台，增强信息传播的及时性和有效性。主要建设两个信息平台：①农产品信息平台，该平台由专门的农产品品牌管理机构进行协调管理，实行统一的信息格式标准，收录产品商标专利等相关信息，并对其实施动态管理。②产地信息平台，将产地信息（环境、气候、区域文化等）融入品牌管理，创建产地信息查询搜索平台，建立统一的产地信息管理标准。

二是凝聚社会力量，落实三大行动。①实施品牌服务行动。创建农产品经营者的培训系统和品牌咨询服务机构，提升经营者和销售者品牌意识，推动农产品服务交易。②实施品牌宣传行动。通过新媒体宣传农产品的地域文化、人文文化等，提高我国农产品品牌在国外的市场占有率，从而提升农产品品牌知名度和忠诚度。③实施品牌保护活动。积极开展行政执法检查和农产品品牌维权活动，打击侵权和制假的违法行为。加强品牌专有权宣传，完善中国农产品品牌海外保护机制。

三是创新政策供给，夯实关键环节。构建农产品从产地到销售、售后的全流程管理体系，实现全方位监管，实时信息对接。健全绿色有机农产品认定机制和产地环境检测管理体系。推动产品产业链信息化，实现农产品全流程的协同管理。利用大数据等信息技术，建立完善的品牌管理系统。

四是优化市场秩序，建立诚信体系。通过政策鼓励企业建立农产品品牌，同时政府部门加大市场监管力度，重点打击市场违法活动、不良竞争活动，以形成公平规范的市场竞争环境。充分发挥地方政府部门在社会主义市场经济的市场监管职能。

二 企业层面

(一) 机会主义行为治理

目前，在绿色农产品原产地品牌塑造过程中，某些企业常常会为了获得更多的利益而采取机会主义行为，例如"搭便车"或损害其他厂商利益和顾客利益的行为，为了保证绿色农产品原产地的品牌绩效，需要对机会主义行为采取治理措施。机会主义行为的治理措施主要包括权威治理、关系规范治理和契约治理三种类型（陈劲松等，2019）。

首先，权威治理。权威治理策略指企业运用所拥有的权力规范合作伙伴的行为，消除机会主义行为。权力可分为强制性权力和非强制性权力。企业在实行强制性权力时，会引发合作伙伴的反感情绪，进而采取更多的投机行为；而非强制性权力则与之相反，不易引发反感情绪，且将会减少投机行为。因此，为避免和抑制渠道投机行为，企业可以实施较高强度的强制性权力，如果合作伙伴出现投机行为时，可采取严格的惩罚制度用以规范其行为；实施较低强度的非强制性权力，使合作伙伴减少投机行为，进而保障品牌绩效。

其次，关系规范治理。企业利用关系治理战略能够有效抑制机会主义行为，企业行为受所在区域的文化、规章制度等影响，即制度环境①对企业行为具有约束规范。因此可以通过关系治理加强企业在农产品原产地品牌的影响力

---

① 处于区域社会网络中的企业，除了贸易上的相互依赖性外，还存在非贸易的相互依赖性。后者产生了由"惯例、文化、信念、规制"等正式或非正式制度组成的"制度环境"（Tallman et al., 2004）。

和声誉。高度制度化的区域品牌化战略具有模范标杆作用，可抑制与制度环境相悖的机会主义行为，创造规范有序的农产品品牌环境，进而提高农产品原产地品牌绩效。

最后，契约治理。契约治理指双方签订合同，并监督合作伙伴的合同执行情况，能够有效提升交易双方的公平性感知，对双方行为起约束规范作用。因此，契约治理可以确保双方交易过程中利益分配的公平性，减少企业机会主义行为，进而有利于农产品原产品品牌的发展。

（二）加强社会责任感

2015年国务院发布《关于促进跨境电商健康快速发展的指导意见》，政策指出要规范跨境电商的行为，明确跨境电商中涉及的产品溯源、质量、经营者诚信等方面明确的责任，建立完整的责任体系，进一步促进跨境电商企业自觉承担社会责任。有研究表明，企业履行社会责任活动有利于创建品牌形象、增强软实力、创造企业价值，最终带来企业利润。在具体实施社会责任方案时，我们可以通过以下几种方式实现目标：

首先，跨境电商企业应全面考虑内外部环境，结合企业自身发展状况有效地履行社会责任。跨境电商企业应关注国际关系、国内和各国的相关政策法规的调整、数字化信息技术的变革等；结合自身资源，如知识产权、信息数据、专有技术、政府政策支持等，夯实经济基础和技术的支持；根据企业自身发展定位，准确识别企业与社会发展的契合点，投身于与企业自身使命、价值观、发展规划、产品等协同的社会公益事业，并对其活动进行准确预算。

其次，将社会责任意识内化于企业，从企业规章制度、员工培训、企业价值观等方面入手。承担社会责任是企业持续长远发展的重要抓手，因此企业在制订战略计划时应将社会责任考虑在内。①根据我国和不同国家的规章制度、法规政策，通过将社会责任融入企业中，制定符合全球背景、利于自身发展的公司制度，可以规避因考虑不周而引发跨境产品进出口等问题。②将社会责任纳入企业价值观中，建立企业社会责任文化。③培养、提升员工的社会责任意识，将企业核心价值观落实到员工的具体工作行为。不定期开展员工培训，组织社会责任活动，如探访留守儿童、孤寡老人、帮扶弱势群体等。此外，利用信息技术的便利性，通过社交媒体向员工推送相关社会责任活动的信息，提高员工的积极性。

再次，根据跨境电商企业规模和发展规划，制定契合企业价值观和提高竞争优势的社会责任战略。社会责任战略的实施与控制需要有效配置企业资源、信息技术等手段，构建社会责任战略的管理控制体系，其中包括对有关社会责任的项目进行预算；将社会责任制度和员工制度结合；建立跨境电商用户的信息安全保护系统及风险防范体系等，保障社会责任战略实施落地，助力企业发展。

最后，对跨境电商企业社会责任战略实施动态评估和调整，形成强有力的企业竞争力。战略评估可以从履行社会责任的成本支出以及所带来的价值两个方面进行评估，包含企业声誉、企业价值提升、消费者响应等。

参考文献

白翠玲：《森林公园旅游品牌塑造研究》，博士学位论文，河北农业大学，2012年。

白世贞等：《品牌标识轮廓与内容匹配对品牌态度的影响研究》，《商业经济研究》2020年第19期。

曹锦锦：《基于绿色消费理念的乡村农产品营销策略研究》，《农业经济》2019年第11期。

陈波等：《依托跨境电商推动"三区"联动发展研究》，《学习与实践》2022年第3期。

陈冬生：《国外特色水果品牌营销经验与启示——以美国"新奇士"柑橘和新西兰"佳沛"奇异果为例》，《世界农业》2017年第10期。

陈放：《品牌学：中国品牌实战原理》，时事出版社2002年版。

陈剑锋、唐振鹏：《国外产业集群研究综述》，《外国经济与管理》2002年第8期。

陈劲松等：《渠道边界人员互动对机会主义行为容忍的影响》，《财经问题研究》2019年第12期。

陈姝婷：《集群品牌形象与购买意向关系的研究》，《东方企业文化》2010年第4期。

谌飞龙等:《多产地农业企业使用地理标志品牌的意愿性研究:原产地资源禀赋视角》,《经济地理》2021年第2期。

程杰贤、郑少锋:《政府规制对农户生产行为的影响——基于区域品牌农产品质量安全视角》,《西北农林科技大学学报》(社会科学版)2018年第2期。

程瑜:《农产品营销中的品牌策略》,《中国经贸导刊》2010年第8期。

楚德江、张玥:《权能共享:绿色农产品品牌建设中"搭便车"行为的治理》,《西北农林科技大学学报》(社会科学版)2021年第6期。

褚远远:《河南农产品品牌建设发展路径研究》,《农业经济》2022年第3期。

慈教进:《数字经济与农产品跨境电商贸易的关联性分析——兼论农产品跨境电商贸易优化策略》,《商业经济研究》2022年第20期。

崔丽辉:《绿色农产品营销中的原产地效应分析》,《中国商贸》2010年第20期。

董保宝等:《资源整合过程、动态能力与竞争优势:机理与路径》,《管理世界》2011年第3期。

董晓燕:《自然资源禀赋依赖型农产品的区域品牌形象塑造和传播策略》,《商业经济研究》2015年第23期。

董银果、钱薇雯:《农产品区域公用品牌建设中的"搭便车"问题——基于数字化追溯、透明和保证体系的治理研究》,《中国农村观察》2022年第6期。

鄂立彬、刘智勇:《跨境电子商务阳光化通关问题研究》,《国际贸易》2014年第9期。

方鸣、高秀凤:《社交媒体对中小跨境电商企业绩效的影响研究——基于动态能力的中介作用》,《财经科学》2022年第5期。

费威、杜晓镔:《打造农产品区域品牌:以地理标志为依托的思考》,《学习与实践》2020年第8期。

高翔、贾亮亭:《基于结构方程模型的企业跨境电子商务供应链风险研究——以上海、广州、青岛等地167家跨境电商企业为例》,《上海经济研究》2016年第5期。

巩从杰:《"一带一路"红利对跨境电商的影响效应研究》,《商业经济研究》2019年第6期。

贵州省农业农村厅:《贵州省2021年主要统计数据新闻发布稿》,2022年1月29日,http://nynct.guizhou.gov.cn/xwzx/wjzz/202201/t20220129_72449340.html,2022年5月23日。

《贵州"三品一标"农产品数量达4160个》,2018年9月23日,中国质量新闻网,https://www.cqn.com.cn/pp/content/2018-09/23/content_6284048.htm,2022年6月1日。

《贯彻党代会喜迎二十大》,2022年6月22日,贵州省人民政府网,http://www.guizhou.gov.cn/ztzl/xysdsscdh/gcddhxyesd/202206/t20220622_75149602.html,2022年12月13日。

郭四维等:《新常态下的"外贸新引擎":我国跨境电子商务发展与传统外贸转型升级》,《经济学家》2018年第8期。

《海关总署2021年全年进出口情况新闻发布会》，2022年1月14日，中华人民共和国海关总署，http：//www.customs.gov.cn/customs/xwfb34/302330/4124672/index.html，2022年5月23日。

何建民等：《电商环境下原产地形象对农产品品牌信任影响研究》，第十三届（2018）中国管理学年会，杭州，2018年11月。

洪勇：《我国农村电商发展的制约因素与促进政策商业》，《经济研究》2016年第4期。

侯红梅：《地方特色农产品品牌塑造模式创新研究——以四川省为例》，《商业经济研究》2021年第6期。

胡世霞等：《关于乡村振兴背景下农业区域公用品牌建设的探讨》，《农业经济》2022年第10期。

黄彬、王磬：《农产品品牌塑造对策——基于产业价值链视角》，《商业经济研究》2019年第3期。

黄炳凯、耿献辉：《地理标志农产品生产者机会主义行为治理研究——基于集体行动视角》，《经济与管理》2022年第2期。

黄蕾：《区域产业集群品牌：我国农产品品牌建设的新视角》，《江西社会科学》2009年第9期。

黄升民、张驰：《改革开放以来国家品牌观念的历史演进与宏观考察》，《现代传播（中国传媒大学学报）》2018年第3期。

黄先海等：《长三角共同富裕新实践：跨境电商综试区建设对城乡收入差距的影响》，《浙江社会科学》2022年第11期。

姜金德、李帮义：《贴牌生产供应链品牌溢价收益共享的道德风险与对策》，《系统工程》2013年第11期。

姜岩：《辽西先导区建设环京津冀绿色农产品供应基地的实践和建议》，《农业经济》2022年第6期。

姜岩：《新产品品牌名称对消费者购买决策的影响——品牌联想的中介效应》，《企业经济》2021年第2期。

蒋廉雄等：《品牌架构战略研究回顾与展望》，《外国经济与管理》2020年第10期。

金虹、林晓伟：《我国跨境电子商务的发展模式与策略建议》，《宏观经济研究》2015年第9期。

金泉、苏庆新：《跨境电商平台赋能中小企业国际化的机制研究》，《国际贸易》2022年第10期。

靳明、周亮亮：《绿色农产品原产地效应与品牌策略初探》，《财经论丛》（浙江财经学院学报）2006年第4期。

靳明、周亮亮：《绿色农产品原产地效应与品牌策略初探》，《财经论丛》2006年第4期。

来有为、王开前：《中国跨境电子商务发展形态、障碍性因素及其下一步》，《改革》2014年第5期。

李东等：《互联网环境下的消费者互动与品牌原产地形象关系研究》，《商业研究》2015年第1期。

李冬冬、曾雁：《我国跨境电商物流业效率评价及其溢出效应结构分析——基于"丝路经济带"沿线省域的实证》，《商业经济研究》2022年第19期。

李芳等：《我国跨境电商与产业集群协同发展的机理与路径研究》，《国际贸易问题》2019年第2期。

李龙、蒋苑苑：《乡村振兴与农村跨境电商产业集聚效应》,《中国农业资源与区划》2021年第11期。

李太平、祝文峰:《生鲜农产品质量安全监管力度研究——以蔬菜农药残留为例》,《江苏社会科学》2017年第2期。

李霞、王羽:《农产品原产地形象对网络品牌的影响研究——基于电商直播视角下消费者心理距离和感知价值的分析》,《价格理论与实践》2022年第8期。

李向阳:《促进跨境电子商务物流发展的路径》,《中国流通经济》2014年第10期。

李晓玲:《农产品品牌营销策略探析》,《农村经济》2004年第12期。

李媛:《跨境电商与农产品出口的双渠道供应链分析》,《价格月刊》2022年第5期。

李志堂等:《新零售下农庄绿色产品服务模式的策略选择》,《工业工程与管理》2021年第3期。

林舒进等:《关系质量、信息分享与企业间合作行为:IT能力的调节作用》,《系统工程理论与实践》2018年第3期。

刘春明、郝庆升:《"互联网+"背景下绿色农产品生产经营中的问题及对策研究》,《云南社会科学》2018年第6期。

刘鹤:《我国产业集群与跨境电商的融合发展:影响因素与路径》,《商业经济研究》2019年第2期。

刘慧玲:《绿色农产品互联网营销的现状与对策研究》,《农业经济》2021年第9期。

刘金花等:《基于原产地效应的地理标志农产品品牌建

设研究》,《农业经济与管理》2016 年第 2 期。

刘金花等:《基于原产地效应的地理标志农产品品牌建设研究》,《农业经济与管理》2016 年第 2 期。

刘濛:《国外绿色农业发展及对中国的启示》,《世界农业》2013 年第 1 期。

刘亚军等:《"互联网+农户+公司"的商业模式探析——来自"淘宝村"的经验》,《西北农林科技大学学报》(社会科学版)2016 年第 6 期。

刘英为等:《中国品牌国际化中的合理性战略:制度理论视角》,《宏观经济研究》2017 年第 3 期。

鲁钊阳:《农产品地理标志对跨境农产品电商发展影响的实证研究》,《中国软科学》2019 年第 6 期。

马庆栋:《区域品牌的对象、属性与塑造主体探析》,《商业时代》2010 年第 18 期。

马迎贤:《资源依赖理论的发展和贡献评析》,《甘肃社会科学》2005 年第 1 期。

毛慧、曹光乔:《作业补贴与农户绿色生态农业技术采用行为研究》,《中国人口·资源与环境》2020 年第 1 期。

聂林海:《我国电子商务发展的特点和趋势》,《中国流通经济》2014 年第 6 期。

庞燕:《跨境电商环境下国际物流模式研究》,《中国流通经济》2015 年第 4 期。

彭真善、宋德勇:《交易成本理论的现实意义》,《财经理论与实践》2006 年第 4 期。

葡萄酒商业观察:《震惊!法国酒庄数量十年减少 11000 余家》,2022 年 1 月 18 日,https：//baijiahao.baidu.com/s?

id=1722260984373291316&wfr=spider&for=pc,2022年5月21日。

齐闫、王东风:《媒体融合背景下的品牌塑造与传播》,《新闻战线》2020年第13期。

前瞻产业研究:《行业深度!一文带你详细了解2022年中国跨境电商行业市场规模、竞争格局及发展前景》,2022年5月25日,https://bg.qianzhan.com/trends/detail/506/220525-c2fe2300.html,2022年6月15日。

钱晓燕、朱立冬:《品牌原产地对消费者品牌认知价值的影响》,《财经理论研究》2014年第1期。

人民日报客户端:《贵州新增14个农产品地理标志登记保护产品,有你家乡的吗?》,2021年6月9日,http://www.guizhou.gov.cn/home/rdgz/202109/t20210913_70125075.html,2022年6月1日。

人民咨询:《贵州4基地入选第一批全国种植业"三品一标"基地》,2021年12月18日,https://baijiahao.baidu.com/s?id=1720395738944807619&wfr=spider&for=pc,2022年6月1日。

任春红、丛玉飞:《集群产业优势对区域品牌形成的作用机理研究———以温州典型产业集群为例》,《地域研究与开发》2012年第1期。

任强:《我国农产品品牌建设的现实问题与对策》,《改革与战略》2010年第5期。

商务部:关于印发《"十四五"电子商务发展规划的通知》,2021年10月9日,http://www.gov.cn/zhengce/zhengceku/2021-10/27/content_5645853.htm,2022年5月

23 日。

尚晓燕、郭晓凌：《品牌也需"高颜值"：品牌标识设计的消费者反应研究述评》，《外国经济与管理》2020 年第 1 期。

沈泽梅、王建波：《特色农产品品牌营销及可持续发展研究》，《中国农业资源与区划》2022 年第 5 期。

施菁：《双循环新发展格局下农产品跨境电商产业竞争力评价与发展策略》，《商业经济研究》2022 年第 4 期。

石荣丽、刘迅：《企业集群升级中的区域品牌塑造分析》，《企业经济》2011 年第 5 期。

石志恒等：《农业补贴对农户参与农业绿色发展的影响研究》，《产经评论》2019 年第 3 期。

苏煜晴：《"新零售"背景下怀旧品牌定位对消费者冲动购买的影响机制》，《商业经济研究》2022 年第 8 期。

孙长平：《乡村振兴背景下农产品跨境电商发展现状及策略研究》，《农业经济》2022 年第 11 期。

孙吉胜：《话语、国家形象与对外宣传：以"中国崛起"话语为例》，《国际论坛》2016 年第 1 期。

孙丽辉等：《国外区域品牌化理论研究进展探析》，《外国经济与管理》2009 年第 2 期。

孙强、钟永玲：《迈向农业现代化的中国农业品牌政策研究》，《河北学刊》2019 年第 1 期。

孙玉玲、颜锋：《基于价值体系下的农产品区域公用品牌建设路径》，《商业经济研究》2022 年第 4 期。

唐红涛、李胜楠：《电子商务、脱贫攻坚与乡村振兴：作用及其路径》，《广东财经大学学报》2020 年第 6 期。

唐跃桓等：《电子商务发展与农民增收——基于电子商务进农村综合示范政策的考察》，《中国农村经济》2020年第6期。

陶涛等：《数字乡村建设与县域产业结构升级——基于电子商务进农村综合示范政策的准自然实验》，《中国流通经济》2022年第5期。

田毕飞、戴露露：《基于跨境电商的中国新创企业国际创业路径》《科研管理》2019年第9期。

田俊华：《山西省农产品产业价值链流量提升的研究——基于营销的视角》，硕士学位论文，太原科技大学，2012年。

田圣炳：《原产地效应概念体系研究》，《生产力研究》2009年第20期。

田圣炳：《原产地形象的概括效应及其营销含义》，《江苏商论》2008年第12期。

田圣炳：《原产地形象的光环效应及其营销含义》，《生产力研究》2007年第12期。

田圣炳、陈启杰：《国际化经营中的原产地形象研究综述》，《外国经济与管理》2004年第8期。

涂洪波、朱清剑：《外部线索对地理标志农产品网购意愿的影响及作用机理》，《中国流通经济》2020年第8期。

汪丁丁：《从"交易费用"到博弈均衡》，《经济研究》1995年第9期。

王保利、常颖：《论农产品品牌文化的塑造与传播——以"陕西苹果"为例》，《农业现代化研究》2007年第4期。

王博文等:《法国原产地保护制度对推进我国优势农产品发展的启示——基于法国葡萄酒原产地保护实证分析》,《经济地理》2010年第1期。

王搏、张凌宇:《我国跨境电商与制造业集群企业协同度评价与协同路径选择》,《商业经济研究》2022年第11期。

王春萍:《C2B模式下农产品电商运营的方法策略》,《现代经济信息》2017年第16期。

王岱、杨琛:《乡村振兴背景下农产品品牌战略研究》,《价格理论与实践》2018年第4期。

王海忠:《国际市场产品来源地形象及其规避策略》,《中国工业经济》2002年第5期。

王海忠、赵平:《品牌原产地效应及其市场策略建议——基于欧、美、日、中四地品牌形象调查分析》,《中国工业经济》2004年第1期。

王海忠、赵平:《品牌原产地效应及其市场策略建议——基于欧、美、日、中四地品牌形象调查分析》,《中国工业经济》2004年第1期。

王晶静等:《绿色农产品数字化标识与品牌战略协同研究》,《中国农业资源与区划》2023年第2期。

王林、杨坚争:《国际物流绩效影响因素分析——基于两个市场理论和结构方程模型》,《中国流通经济》2014年第5期。

王琳、陈志军:《价值共创如何影响创新型企业的即兴能力?——基于资源依赖理论的案例研究》,《管理世界》2020年第11期。

王鹏等:《品牌原产地困惑和购买经历对品牌形象的影响》,《预测》2011年第4期。

王霞:《品牌形象文化价值塑造对消费行为的影响》,《商业经济研究》2020年第5期。

王新刚等:《品牌丑闻跨国非对称溢出效应研究——国家形象构成要素视角》,《经济管理》2017年第4期。

王兴元、朱强:《原产地品牌塑造及治理博弈模型分析——公共品牌效应视角》,《经济管理》2017年第8期。

王兴元、朱强:《原产地品牌塑造及治理博弈模型分析——公共品牌效应视角》,《经济管理》2017年第8期。

王瑛:《绿色生产视野下绿色农产品的品牌定位与市场营销战略优化研究》,《农业经济》2019年第8期。

王志本:《实施地理标志知识产权保护 发掘我国农产品贸易优势》,《调研世界》2004年第9期。

韦大宇、张建民:《中国跨境电商综合试验区建设成果与展望》,《国际贸易》2019年第7期。

韦晓菡:《基于农业供给侧改革的广西农业产业集群发展探讨》,《学术论坛》2016年第3期。

魏彬:《面向"互联网+"时代的农产品品牌营销策略研究》,《农业经济》2016年第4期。

魏浩、涂悦:《中国跨境电商零售进口:发展特点、存在问题与政策建议》,《国际贸易》2023年第4期。

魏晓蓓、王淼:《乡村振兴战略中农村电商聚集化"2+"模式研究》,《山东大学学报》(哲学社会科学版)2018年第6期。

吴坚、符国群:《品牌来源国和产品制造国对消费者购买行为的影响》，《管理学报》2007年第5期。

吴坚、符国群：《原产地形象——一个国际市场上影响消费者选择的重要因素》，《商业研究》2000年第1期。

吴坚等：《基于属性水平的品牌来源国作用机制研究——信息处理的视角》，《管理评论》2010年第3期。

伍锐：《农产品品牌营销路径研究》，《中国农业资源与区划》2016年第5期。

习近平：《高举中国特色社会主义伟大旗帜 为全面建设社会主义现代化国家而团结奋斗——在中国共产党第二十次全国代表大会上的报告》，2022年10月25日，http：//www.gov.cn/xinwen/2022-10/25/content_5721685.htm，2022年12月10日。

夏清华：《从资源到能力：竞争优势战略的一个理论综述》，《管理世界》2002年第4期。

谢京辉：《驱动品牌经济发展的制度框架与政策建议》，《社会科学》2015年第4期。

新华社：《中共中央国务院关于做好2022年全面推进乡村振兴重点工作的意见》，2022年2月22日，http：//www.gov.cn/zhengce/2022-02/22/content_5675035.htm，2022年5月23日。

邢静静：《短视频自媒体李子柒的品牌传播研究》，硕士学位论文，河南大学，2019年。

熊爱华：《区域品牌与产业集群互动关系中的磁场效应分析》，《管理世界》2008年第8期。

熊冬洋：《促进低碳农业发展的财政政策研究》，《经济纵横》2017年第5期。

熊雪等：《贫困地区农户培训的收入效应——以云南、贵州和陕西为例的实证研究》，《农业技术经济》2017年第6期。

徐大佑、郭亚慧：《农产品品牌打造与脱贫攻坚效果——对贵州省9个地州市的调研分析》，《西部论坛》2018年第3期。

徐芃：《谈跨境电商背景下传统零售企业转型发展问题》，《商业经济研究》2022年第14期。

徐旭初、杨威：《社交电商农产品规模化上行能力构建逻辑——基于扎根理论的案例研究》，《中国流通经济》2022年第11期。

许红莲：《国外农产品绿色物流发展问题讨论综述》，《中国流通经济》2012年第前期。

许基南、李建军：《基于消费者感知的特色农产品区域品牌形象结构分析》，《当代财经》2010年第7期。

薛朝改、钱丽丽：《跨境电商环境下物流企业核心竞争力提升的实证研究》，《科技管理研究》2019年第24期。

薛桂芝：《论我国农产品区域品牌的创建》，《农业现代化研究》2010年第6期。

闫博慧：《基于知识产权保护的农产品品牌发展——以河北省为视角》，《科学管理研究》2018年第2期。

严力蛟、汪自强：《我国绿色农产品发展概况与对策措施》，《农业现代化研究》2003年第3期。

颜强等：《农产品电商精准扶贫的路径与对策——以贵州贫困农村为例》，《农村经济》2018年第2期。

杨红：《企业社会资本与突破式创新关系的实证研

究——基于企业间合作行为和环境扫描的中介调节效应》，《预测》2019年第2期。

杨坚争等：《基于因子分析的跨境电子商务评价指标体系研究》，《财贸经济》2014年第9期。

杨江华、刘亚辉：《数字乡村建设激活乡村产业振兴的路径机制研究》，《福建论坛》（人文社会科学版）2022年第2期。

杨敏：《从包装设计到重塑品牌绿色定位》，《包装工程》2019年第22期。

杨敏：《从凉茶品牌创新看传统与现代品牌的观念差异》，《包装工程》2021年第6期。

杨佩珍：《原产地标记的战略管理模型——"文山三七"原产地标记个案分析》，《特区经济》2006年第5期。

杨仕梅、周小波：《信息媒介升级下消费者行为模式和营销对策的变迁历程》，《商业经济研究》2020年第6期。

杨云鹏等：《跨境电商贸易过程中新政策法规的影响传播模型》，《中国流通经济》2018年第1期。

易正兰、陈彤：《基于农业产业集群的农业品牌发展策略》，《农村经济》2007年第6期。

尹晶、孙小清：《产业集群构建区域品牌过程中企业博弈模型研究》，《商业经济》2012年第5期。

尹小健：《打造国际品牌赣南脐橙》，《价格月刊》2007年第12期。

尹小健：《农村物流与农业产业现代化——基于江西省赣南脐橙产业的调研》，《江西社会科学》2007年第12期。

袁胜军、符国群：《原产地形象对中国品牌国际化的启示》,《软科学》2012 年第 2 期。

袁银传、康兰心:《论新时代乡村振兴的产业发展及人才支撑》,《西安财经大学学报》2022 年第 1 期。

曾艳等:《GI 农产品品牌建设中"搭便车"问题研究——基于俱乐部产品视角》,《天津大学学报》(社会科学版) 2014 年第 4 期。

占辉斌:《消费者地理标志产品产地态度及其购买意愿研究——以黄山毛峰为例》,《黑龙江八一农垦大学学报》2018 年第 3 期。

张传统、陆娟:《农产品区域品牌购买意愿影响因素研究》,《软科学》2014 年第 10 期。

张河清、苏斌:《基于博弈论的政府主导型旅游目的地公共品牌构建研究》,《生态经济》2006 年第 12 期。

张康洁、于法稳:《"双碳"目标下农业绿色发展研究:进展与展望》,《中国生态农业学报(中英文)》2023 年第 2 期。

张可成、王孝莹:《我国农产品品牌建设分析》,《农业经济问题》2009 年第 2 期。

张屈征等:《区享品牌的产权特点与政府作用》,《经济师》2003 年第 8 期。

张硕等:《农村电商助力扶贫与乡村振兴的研究现状及展望》,《管理学报》2022 年第 4 期。

张五常:《交易费用的范式》,《社会科学战线》1999 年第 1 期。

张夏恒:《跨境电商类型与运作模式》,《中国流通经济》2017 年第 30 期。

张夏恒：《跨境电子商务法律借鉴与风险防范研究》，《当代经济管理》2017年第3期。

张夏恒：《跨境电子商务与传统产业融合发展：全产业链集聚的价值、要点与思路》，《当代经济管理》2022年第1期。

张夏恒、郭海玲：《跨境电商与跨境物流协同：机理与路径》，《中国流通经济》2016年第11期。

张夏恒、李豆豆：《数字经济、跨境电商与数字贸易耦合发展研究——兼论区块链技术在三者中的应用》，《理论探讨》2020年第1期。

张夏恒、赵崤含：《墨守成规还是化蝶重生：跨境电商对传统产业转型的影响》，《中国流通经济》2022年第5期。

张晓东、何攀：《跨境电商产业国际集群品牌形成机理研究——基于扎根理论分析》，《科技管理研究》2019年第22期。

张晓锋等：《创新扩散理论视角下新媒体时代农产品品牌传播策略——以阜宁生态猪肉品牌为例》，《南京农业大学学报》（社会科学版）2019年第4期。

张晓娟：《农产品品牌传播方式对消费者购买意愿的影响研究——基于农产品品牌生态定位视角》，《中国地质大学学报》（社会科学版）2013年第5期。

张勇、魏梦琴：《农产品原产地形象对消费者购买意愿的影响研究——兼析消费者价格公平感助力农产品品牌建设》，《价格理论与实践》2021年第11期。

张远惠：《基于系统科学视角下的跨境电商供应链管理

研究》,《系统科学学报》2021年第4期。

张耘堂、李东:《原产地形象对农产品电商品牌化的影响路径研究》,《中国软科学》2016年第5期。

张哲晰等:《新型农业经营主体电商参与机制、困境及对策——来自贵州省剑河县调研的证据》,《中国流通经济》2021年第12期。

赵春燕:《基于动态反馈分析的原产地农产品品牌保护实证研究——以阳澄湖大闸蟹为例》,《江苏农业科学》2015年第8期。

赵就升:《原产地品牌资产增值对策研究》,《原产地品牌资产增值对策研究》2011年第2期。

赵敏婷、陈丹:《农业品牌数字化转型的实现路径》,《人民论坛》2021年第36期。

赵卫宏、凌娜:《基于资源与制度视角的区域品牌化战略》,《江西社会科学》2014年第7期。

赵卫宏、孙茹:《驱动企业参与区域品牌化——资源与制度视角》,《管理评论》2018年第12期。

赵卫宏等:《基于资源与制度视角的区域品牌化驱动机理与策略研究》,《宏观经济研究》2015年第2期。

赵晓华、岩甾:《绿色农产品品牌建设探析—以普洱市为例》,《生态经济》2014年第11期。

赵作权等:《中国国家级产业集群数字化程度估计:基于与线上产业带的匹配分析》,《中国科学院院刊》2022年第12期。

郑琼娥等:《福建农产品区域品牌发展的对策研究》,《福建论坛》(人文社会科学版)2018年第10期。

郑阳阳、罗建利：《农业生产培训能提升农户扩大农地规模意愿吗？——来自12省2340个农户的证据》，《华中农业大学学报》（社会科学版）2020年第2期。

《中华人民共和国商标法》，2020年12月24日，中国人大网，http：//www.gov.cn/guoqing/2020-12/24/content_5572941.htm，2022年5月23日。

朱战国、李子键：《结构分解视角下来源国形象对消费者产品评价的影响研究》，《中央财经大学学报》2017年第11期。

朱战国、李子键：《来源国形象对消费者进口食品态度的影响》，《华南农业大学学报》（社会科学版）2017年第5期。

庄德林等：《区域品牌化模型与绩效评估研究进展与展望》，《外国经济与管理》2014年第9期。

Alfred Rosenbloom and James E. Haefner, "Country-of-origin Effects and Global Brand Trust: A First Look", *Journal of Global Marketing*, Vol. 22, No. 4, 2009.

Bilkey, W. J. and Nes, E., "Country-of-origin Effects on Product Evaluations", *Journal of International Business Studies*, Vol. 13, No. 1, 1982.

Cai, L. A., "Cooperative Branding for Rural Destinations", *Annals of Tourism Research*, Vol. 29, No. 3, 2002.

Chen, N. and Yang, J., "Mechanism of Government Policies in Cross-border E-commerce on Firm Performance and Implications on M-commerce", *International Journal of Mobile Communications*, Vol. 15, No. 1, 2017.

Cheng-Feng Cheng and Ai-Hsuan Lee, "The Influences of Relationship Marketing Strategy and Transaction Cost on Customer Satisfaction, Perceived Risk, and Customer Loyalty", *African Journal of Business Management*, Vol. 5, No. 13, 2011.

Chernatony, L. and McDonald, M., *Creating Powerful Brands*, Oxford, Butterworth-Heinemann, 1998.

Coase, R. H., "The Nature of the Firm", *Economica*, Vol. 4, No. 16, 1937.

Coase, R. H., "The Problem of Social Cost", *Journal of Law and Economics*, Vol. 3, 1960.

Commons J. R., *Economic Survey of Wisconsin*, University of Wisconsin, 1931.

Curtis C. R., "Attitude Changes toward Foreign Products", *Journal of Marketing Research*, Vol. 4, No. 4, 1967.

Drucker, P. F., *Managing for Results*, New York: Harper and Row, 1964.

Elena-Iulia Apăvăloaie, "The Impact of the Internet on the Business Environment", *Procedia Economics and Finance*, Vol. 15, No. 7, 2014.

Estrella Gomez-Herrera, et al., "The Drivers and Impediments for Cross-border E-commerce in the EU", *Information Economics and Policy*, No. 28, 2014.

Farhoomand, A., et al., "Barriers to Global Electronic Commerce: A Cross-Country Study of Hong Kong and Finland", *Journal of Organizational Computing and Electronic Commerce*, Vol. 10, No. 1, 2000.

Han, C. M. and Terpstra, V. , "Country – of – origin Effects for Uni-national and Bi-national Products", *Journal of International Business Studies*, Vol. 19, No. 2, 1988.

Handelman, J. M. and Arnold, S. J. , "The Role of Marketing Actions with a Social Dimension: Appeals to the Institutional Environment", *Journal of Marketing*, Vol. 63, No. 3, 1999.

Ismah, O. , et al. , "Integrating Institutional Theory in Determining Corporate Image of Islamic Banks", *Procedia-Social and Behavioral Sciences*, No. 211, 2015.

Joshua, P. M. , "The Internet, Cross-Border Data Flows and International Trade", *Asia & the Pacific Policy Studies*, Vol. 2, No. 1, 2015.

Kenneth J. Arrow, "Uncertainty and the Welfare Economics of Medical Care: Reply (The Implications of Transaction Costs and Adjustment Lags)", *The American Economic Review*, Vol. 55, No. 1/2, 1965.

Kim, C. K. , "Brand Popularity and Country Image in Global Competition: Managerial Implications", *Journal of Product & Brand Management*, Vol. 4, No. 5, 1995.

Kim, T. Y. , et al. , "Cross-border Electronic Commerce: Distance Effects and Express Delivery in European Union Markets", *International Journal of Electronic Commerce*, Vol. 21, No. 2, 2017.

Kleppe, I. A. , et al. , "Country Images in Marketing Strategies: Conceptual Issues and an Empirical Asian Illustration", *Journal of Brand Management*, Vol. 10, No. 1, 2002.

Koert van Ittersum, et al., "The Influence of the Image of a Product's Region of Origin on Product Evaluation", *Journal of Business Research*, Vol. 56, No. 3, 2003.

Linda C. Ueltschy and John K. Ryans., "Employing Standardized Promotion Strategies in Mexico: The Impact of Language and Cultural Differences", *Thunderbird International Business Review*, Vol. 39, No. 4, 1997.

Maheswaran and Durairaj, "Country of Origin as a Stereotype: Effects of Consumer Expertise and Attribute Strength on Product Evaluations", *Journal of Consumer Research*, Vol. 21, No. 2, 1994.

Mettepenningen, E., et al., "Exploring Synergies Between Place Branding and Agricultural Landscape Management as a Rural Development Practice", *Sociologia Ruralis*, Vol. 52, Vol. 4, 2012.

Minten, B., et al., "Branding and Agricultural Value Chains in Developing Countries: Insights from Bihar (India)", *Food Policy*, No. 38, 2013.

Pfeffer, J. and Salancik, G. R., *A Resource Dependence Perspective. In Intercorporate Relations. The Structural Analysis of Business*, Cambridge: Cambridge University Press, 1978.

Savrul, M. and Kılıç, C., "E-commerce as an Alternative Strategy in Recovery from the Recession", *Procedia-Social and Behavioral Sciences*, No. 24, 2011.

Selznick, P., *TVA and the Grass Roots: A Study in the*

Sociology of Formal Organization, University of California Press, 1953.

Thompson, J. D. and McEwen, W. J., "Organizational Goals and Environment: Goal-setting as an Interaction Process", *American Sociological Review*, Vol. 23, No. 1, 1958.

Thompson, S. H. Teo and Yu, Yuanyou, "Online Buying Behavior: A Transaction Cost Economics Perspective", *Omega*, Vol. 33, No. 5, 2004.

Virutamasen, P., et al., "Strengthen Brand Association Through SE: Institutional Theory Revisited", *Procedia-Social and Behavioral Sciences*, No. 195, 2015.

Weilbacher, W. M., *Brand Marketing*, NTC Business Books, Chicago, IL, 1995, p. 4.

Williamson, O. E., *Markets and Hierarchies: Analysis and Implications*, New York: Free Press, 1975.

Williamson, O. E., *The Economic Institutions of Capitalism: Firm, Markets, Relational Contracting*, New York: The Free Press, 1985.

后　记

　　本书的顺利完成，是课题组成员同心合力的结晶。在项目研究过程中，陈劲松教授对研究方案、实地调研方案、研究报告论证到书稿的修改完善等都投入了大量的时间和精力。同时，王鹤翔、李晓建、刘朝霞、吴毓敏、刘杰、王罗娜、姜雪、胡若倩、童甜甜和许浩然等研究生同学在资料搜集、文献整理和文稿校对等方面开展了辛勤的工作。在这里向上述人员表示衷心地感谢！

　　在撰写过程中，本书借鉴和参考了大量国内外相关研究成果，并尽量详尽地在正文和参考文献里列出，但仍然难免存在疏漏，恳请有关专家学者予以谅解。对于本书可能存在的不足之处，敬请批评指正！